Heureux et grincheux

Ajahn Brahm

Heureux et grincheux

108 conseils d'un moine bouddhiste pour profiter de la vie

Traduit de l'anglais (Australie) par Claire Aubreton

Massot Éditions

Titre original : *Don't Worry, Be Grumpy. Inspiring Stories for Making The Most of Each Moment*

Couverture : Quintin Richard.

ISBN : 9782380352177

Sommaire

Avant-propos

Les bananes ont bien des choses à nous apprendre…

Elles sont si banales qu'on s'imagine tout connaître d'elles. En réalité, nous ne savons même pas les éplucher correctement ! Les singes, qui sont des spécialistes en la matière, les tiennent par la tige et les pèlent à partir de l'extrémité opposée. Essayez et vous comprendrez que la « technique des singes » est nettement plus efficace.

De la même façon, les bouddhistes qui pratiquent la méditation savent détacher leur esprit des problèmes qui l'assaillent. Je vous invite donc à adopter la « technique des moines » pour affronter les difficultés de l'existence. Vous découvrirez que, comme celle de l'épluchage de la banane, elle simplifie beaucoup la vie.

1
Le contenant et le contenu

Il y a une quinzaine d'années, un gardien de la prison de Guantanamo fut accusé d'avoir jeté le livre saint d'un détenu aux toilettes. En réaction, des émeutes éclatèrent un peu partout dans le monde musulman.

Le lendemain, je reçus l'appel d'un journaliste qui préparait un article sur cet acte sacrilège et posait la même question aux responsables australiens des principales religions.

« Ajahn Brahm, quelle serait votre réaction si quelqu'un se débarrassait d'un texte sacré bouddhiste dans les toilettes ? »

Je lui répliquai sans hésiter :

« Cher monsieur, avant toute chose, j'appellerais un plombier ! »

Il éclata de rire avant de me confier que c'était la première réponse sensée qu'on lui donnait.

Ensuite, j'ai précisé ma pensée.

Il peut arriver qu'on brise des statues du Bouddha, qu'on incendie des temples ou même qu'on tue des religieux, mais jamais je ne laisserai personne détruire le bouddhisme. De même, s'il est possible de jeter un livre saint aux toilettes, je ne laisserai personne jeter le pardon, la paix et la compassion.

Le livre n'est pas la religion. La statue, le temple, le prêtre non plus. Ce sont seulement des « contenants ».

Que nous enseigne le livre ? Que représente la statue ? Quelles valeurs le prêtre est-il censé incarner ? Ils sont les « contenus ».

Si l'on sait distinguer le contenant du contenu, on est en mesure de préserver le second même si le premier est détruit.

On pourra toujours imprimer des livres, reconstruire des temples, ériger de nouvelles statues, instruire d'autres moines et nonnes. En revanche, si nous perdons l'amour et le respect pour notre prochain et nous-mêmes et que nous les remplaçons par la violence, c'est la religion tout entière qui part dans les égouts.

2
Ce que l'on veut vraiment

L'abbé se leva un matin très tôt, ce qui n'avait rien d'anormal. Mais il avait été réveillé par des bruits de pas dans la salle de cérémonie, ce qui, en revanche, était inhabituel car, à cette heure, les moines effectuaient en principe leur « psalmodie » matinale (« Zzzzz... »). Il alla voir ce qu'il en était.

Dans l'obscurité, il aperçut une silhouette encapuchonnée. Un cambrioleur.

« Que veux-tu, mon ami ? lui demanda-t-il d'une voix affable.

— Ferme-la et file-moi la clé de la boîte de dons ! » répliqua le voleur en brandissant un long couteau effilé.

La vue de l'arme n'effraya pas l'abbé, qui ressentit seulement de la compassion pour le jeune homme.

« Bien sûr », dit-il en lui tendant calmement la clé.

Tandis que le malfaiteur vidait la boîte de l'argent qu'elle contenait, l'abbé remarqua que sa veste était déchirée, qu'il avait le visage pâle et les traits tirés.

« À quand remonte ton dernier repas, mon petit ?

— Ta gueule !

— Tu trouveras de quoi manger dans le placard, à côté de la boîte de dons. Sers-toi. »

Le voleur, surpris, s'interrompit brièvement puis, pointant toujours son couteau vers le moine par prudence, se hâta de remplir ses poches.

« T'avise pas d'appeler les flics, sinon...

— Pourquoi veux-tu que je prévienne la police ? répondit tranquillement l'abbé. Les dons sont destinés à secourir les pauvres comme toi et je t'ai offert la nourriture de mon plein gré. Tu n'as rien dérobé. Va en paix. »

Le lendemain, il raconta cet épisode aux moines et à l'assemblée de fidèles, qui le félicitèrent.

Quelques jours après, il lut dans la presse que le cambrioleur s'était fait appréhender alors qu'il dévalisait une autre maison. Il avait été jugé et condamné à dix ans de prison.

Un peu plus d'une décennie plus tard, l'abbé fut tiré de son sommeil par des allées et venues dans la salle de l'autel. Il se leva pour voir ce qui se passait et, comme vous l'aurez deviné, il découvrit devant la boîte de dons le voleur, avec des rides en plus, un poignard à la main.

« Vous vous souvenez de moi ? cria-t-il.

— Oui, grommela l'abbé en mettant la main dans sa poche. Tiens, voilà la clé. »

Le voleur sourit, posa son couteau et reprit d'une voix plus douce :

« Gardez-la, monsieur. Durant mes longues années de prison, je n'ai cessé de penser à vous. Dans toute ma vie, une seule personne a été bonne avec moi et s'est intéressée à mon sort : c'est vous. Oui, je suis revenu vous dérober quelque chose, mais j'ai compris que la première fois je n'avais pas emporté ce qu'il fallait. Aujourd'hui, je viens prendre le secret de votre bonté et de votre paix intérieure. C'est ce que je voulais vraiment au départ. S'il vous plaît, donnez-moi la clé de la compassion. Faites de moi votre disciple. »

Peu après, il devint moine et s'enrichit bien plus que dans ses rêves les plus fous, d'une opulence de bonté et de sérénité. C'est ce que nous voulons tous, au fond. Quel beau butin !

3
L'homme politique au fond du puits

Parfois, dans la vie, on ne marche pas dans la merde, mais on en prend plein la figure… L'histoire qui suit vous éclairera sur la conduite à tenir dans ce type de situation.

Un homme politique célèbre, mais de réputation douteuse, partit se promener dans une forêt et tomba dans un puits qui n'était plus utilisé. Par chance, il était à sec et l'homme, qui avait la tête dure, s'en sortit sans dommage. Le puits étant trop profond pour qu'il puisse en sortir par ses propres moyens, il se mit à crier au secours. Généralement, quand on hurle pendant deux heures, on perd sa voix, mais c'était un tribun habitué depuis longtemps à déclamer des discours et, au bout de trois heures, ses cordes vocales s'échauffaient à peine.

Un paysan passant par là entendit ses plaintes et s'approcha.

« Aidez-moi ! l'implora l'homme au fond du trou.

— N'y comptez pas ! » répliqua le paysan qui l'avait reconnu.

Il détestait les hommes politiques, et particulièrement ceux qui étaient corrompus, à l'image de celui qu'il avait sous les yeux. Comme il avait prévu depuis longtemps de combler ce trou dangereux, il prit une pelle et commença à jeter de la terre dedans. Il remplirait le puits en ensevelissant ce politicard et ferait d'une pierre deux coups.

Le politicien ne fut pas vraiment surpris de sentir la terre s'abattre sur sa tête. Mais sitôt qu'il comprit que le paysan projetait de l'enterrer vivant, ses hurlements atteignirent un volume qu'il réservait normalement à ses meetings électoraux.

« Je réduirai vos impôts, je vous le promets ! Je vous garantis que j'augmenterai les subventions agricoles ! J'accorderai la gratuité des soins aux bovins, vous avez ma parole ! Faites-moi confiance ! »

À ces derniers mots, le paysan pelleta de plus belle. L'homme politique s'époumona de plus belle. Puis il se tut.

Le paysan, pensant l'avoir recouvert, ralentit le rythme. Il était tellement concentré sur sa tâche qu'il ne vit pas une touffe de cheveux dépasser de la margelle, puis le sommet d'un crâne. Peu après, en découvrant un visage souriant, il s'arrêta net, frappé de stupeur.

Le politicien avait décidé de ne plus se lamenter, de secouer les épaules pour faire tomber la terre qu'il recevait et de la tasser en la piétinant. Il remontait ainsi de quelques centimètres à chaque pelletée. Jusqu'à ce qu'il puisse se hisser hors du puits... et récompenser le paysan en lui envoyant le contrôleur des services sanitaires et l'inspecteur des impôts.

La morale de cette histoire est que lorsque la vie vous couvre d'immondices, haussez les épaules et piétinez-les : vous en sortirez grandi.

4
Face de Chameau

Il est certainement arrivé que des gens se mettent en colère contre vous ; et parfois même vos proches. Cela arrive à tout le monde. Certains s'en prennent même au Bouddha ! Comment réagir quand on est en butte à l'agressivité de quelqu'un ? La réponse se trouve dans l'histoire ci-dessous.

Un mari profitait d'une demi-journée de repos à la maison. Au moment de préparer le repas, sa femme s'aperçut qu'il lui manquait des œufs.

« Chéri, ça t'ennuierait d'aller m'en acheter ?

— Pas du tout », répondit-il sur un ton enjoué.

Comme il n'avait jamais mis les pieds au marché, elle lui donna de l'argent, un panier, et lui indiqua où était l'étal.

Dès qu'il pénétra sous la halle, un jeune homme s'avança droit sur lui en criant :

« Salut, face de Chameau !

— Pardon ? répliqua le mari éberlué. De qui parlez-vous ? »

Sa réponse ne fit qu'exciter l'inconnu, qui l'invectiva encore plus violemment.

« Alors, haleine de chacal ? Tu t'es étalé de la merde sur le visage en guise d'after-shave ce matin ? Que les puces de mille chiens errants infestent tes aisselles ! »

Pour ne rien arranger, ces insultes lui étaient adressées en public, au beau milieu du marché, alors qu'il n'avait rien fait de mal. Il en fut tellement choqué qu'il tourna les talons et rentra chez lui en toute hâte.

« Te voilà déjà ? lui dit sa femme. Tu as mes œufs ?

— Non ! rétorqua-t-il, exaspéré. Et ne m'envoie plus dans cette fosse à purin où les gens se comportent comme des malotrus ! »

Chacun sait que le secret des mariages qui durent consiste à savoir caresser dans le bon sens le plumage ébouriffé de son partenaire qui vient de vivre une expérience désagréable. Sa femme le réconforta et le cajola jusqu'à ce que son thermomètre intérieur revienne à une température normale, puis elle lui demanda de décrire son agresseur.

Entre deux exclamations scandalisées et avec force grimaces, il lui en fit le portrait.

« Ah, c'est lui, s'écria-t-elle en se retenant de pouffer. Il est comme ça avec tout le monde. En fait, il est tombé sur la tête quand il était enfant. Il a eu un traumatisme crânien et des lésions irréversibles au cerveau. Depuis, le malheureux est un peu demeuré. Il n'est pas allé à l'école, ne s'est pas fait d'amis, n'a pas trouvé d'emploi, sans parler de se marier et de fonder une famille. Il lance des insanités à tous ceux qu'il croise. Ne les prends pas personnellement. »

L'indignation de son époux fondit aussitôt et fut remplacée par un sentiment de pitié. Voyant que son humeur avait changé, sa femme reprit :

« Tu sais, j'ai besoin de ces œufs. Tu veux bien… ?

— Évidemment, ma chérie », répondit-il, et il retourna au marché.

En l'apercevant, le déséquilibré se remit à vociférer.

« Eh ! Regardez qui est là ! Le vieux Face de Chameau revient avec son haleine de bouc. Pincez-vous le nez : l'étron sur pattes a débarqué ! »

Le mari ne s'offusqua pas et se dirigea vers la marchande d'œufs tandis que le jeune homme continuait à déverser des chapelets d'injures.

« Ne faites pas attention à lui, lui dit la commerçante, c'est un fou. Il a eu un accident quand il était petit.

— Oui, je sais. Le pauvre ! » répondit-il en réglant son achat.

Le jeune le suivit jusqu'à la sortie en braillant des obscénités, mais il ne s'en formalisa pas car il savait qu'il avait affaire à un malade mental.

Maintenant que vous avez lu cette histoire, la prochaine fois que quelqu'un vous traitera de tous les noms ou que l'élu(e) de votre cœur se mettra en rogne contre vous, contentez-vous d'imaginer qu'il (ou elle) a reçu un coup et souffre d'une commotion cérébrale transitoire. Dans la religion bouddhiste, on considère le fait d'être en colère et d'insulter les gens comme un état de « démence passagère ».

Quand on a compris qu'une personne en colère est atteinte de délire temporaire, on peut réagir avec calme, et même compassion, et penser : « Le (la) pauvre ! »

5
La tasse fêlée

La mort d'un proche affecte notre existence d'une manière définitive. Même s'il s'agit d'inconnus – comme les victimes de catastrophes naturelles, qui se comptent par milliers –, leur disparition modifie notre façon de penser. Mourir fait partie de la vie. Une fois qu'on le sait, on est plus vigilant.

Il y a de nombreuses années, en Thaïlande, mon maître Ajahn Chah souleva une tasse en faïence.

« Regardez ! nous dit-il. Elle est fêlée. »

J'eus beau l'examiner attentivement, je ne vis aucun défaut.

« Sa fêlure est indécelable pour l'instant, mais elle est présente, poursuivit-il. Tôt ou tard, quelqu'un fera tomber cette tasse, la fissure apparaîtra et elle se brisera. C'est ce qui l'attend.

Si elle était en plastique, son sort serait différent. On pourrait la jeter par terre ou la cogner sans l'endommager. On s'en moquerait puisqu'elle serait à l'épreuve des chocs. Mais le fait qu'elle soit fragile nous oblige à la traiter avec ménagement.

De même, reprit-il sur un ton plus solennel, notre corps contient une fêlure, imperceptible et néanmoins réelle.

C'est notre disparition future. Un jour ou l'autre, à la suite d'un accident, d'une maladie ou simplement du grand âge, elle deviendra visible et nous mourrons. C'est notre destin.

Si la vie était éternelle, conclut-il, aussi incassable qu'une tasse en plastique, nous pourrions être insouciants. Mais précisément parce qu'elle est vulnérable et que nous sommes voués à mourir, nous devons y faire attention. »

Comprendre que les relations humaines ont la fragilité de la faïence incite à se préoccuper de son prochain. Savoir que le bonheur renferme une fêlure apprend à ne jamais le tenir pour acquis. Se souvenir que notre existence se terminera fait prendre conscience du prix de chaque instant.

6
La fable des deux éleveurs de poules

Il était une fois deux éleveurs de poules. Le premier se levait dès l'aube et allait dans son poulailler récupérer la production de la veille : il remplissait son panier des fientes de ses volailles et ne touchait pas aux œufs, qui finissaient par pourrir dans les nids. Il rapportait chez lui sa récolte d'excréments et très vite, une puanteur atroce envahissait sa maison. Sa famille lui reprochait amèrement sa bêtise.

Le second éleveur allait, lui aussi, dans son poulailler ramasser la production de la veille. Mais lui mettait des œufs dans son panier et ne touchait pas aux crottes, qu'il laissait se décomposer sur le sol. Au bout de quelque temps, elles se transformaient en engrais – un produit précieux, mais qu'on n'entrepose pas chez soi ! Avec les œufs, il préparait de délicieuses omelettes. S'il en avait en surplus, il les vendait au marché pour gagner un peu d'argent. Sa famille le félicitait de son intelligence.

Quel est le sens de cette parabole ? Quand vous repensez à ce que vous avez vécu, qu'y a-t-il dans votre panier ? Faites-vous partie de ceux qui amassent les incidents désagréables de la journée (ou de la vie) et rentrent le soir en disant : « Chéri(e), aujourd'hui, j'ai eu une amende pour excès de vitesse ! », « Chéri(e), je me suis fait remonter les bretelles par mon chef ! », ou préférez-vous laisser ces expériences négatives à leur place, dans le passé, et ne vous souvenir que des moments heureux ?

Ramassez-vous les crottes ou les œufs ?

7
L'album photo

Beaucoup de gens possèdent un album où ils conservent leurs plus beaux souvenirs : une photo d'eux enfants en train de jouer sur la plage, le portrait où ils posent fièrement avec leur diplôme aux côtés de leurs parents, une série de clichés prise le jour de leur mariage pour immortaliser l'apogée de leur amour... Auxquels s'ajoutent quelques images de vacances.

On n'y trouve pas trace des épisodes désastreux de notre vie : on ne nous voit pas écolier devant le bureau du proviseur qui nous a convoqué, ni étudiant, préparant nos partiels, penché sur nos livres jusque tard dans la nuit. Personne, parmi mes connaissances, n'y glisse d'instantanés de son jugement de divorce, de la chambre d'hôpital où il a été gravement malade ou des embouteillages où il reste bloqué le lundi matin en allant travailler... Ces instants déprimants n'y ont pas leur place.

Nous avons dans notre esprit un album d'un autre genre : la mémoire. Nous y entassons quantité d'images négatives, qui immortalisent les disputes orageuses, les occasions où quelqu'un nous a laissé tomber ou nous a fait du mal. Étonnamment, il y a peu de photos de moments heureux.

C'est fou, n'est-ce pas ?

Faites le ménage dans votre album intérieur : effacez les souvenirs sans intérêt, jetez-les à la poubelle et remplacez-les par ceux que vous choisiriez pour un album cartonné. Collez-y le bonheur que vous avez ressenti lorsque vous vous êtes réconcilié(e) avec votre amoureux(se), le jour où quelqu'un a été gentil avec vous alors que vous ne vous y attendiez pas, ceux où les nuages se sont dissipés et où le soleil a brillé avec un éclat incomparable. Gardez ces photos dans votre mémoire. Chaque fois que vous en aurez le temps, feuilletez-la, vous vous surprendrez à sourire, et même à rire.

8
La touche « Effacer »

Comment effacer les mauvais souvenirs ?

Il y a quelques années, en Thaïlande, nous revenions d'une tournée d'aumônes et Ajahn Chah ramassa un bâton au bord du chemin. Il nous demanda : « Quel est son poids ? » Avant que l'un de nous ait le temps de répondre, il le lança dans les buissons en disant : « Un bâton n'est lourd que si on le porte. Si on le jette, il ne pèse plus rien. »

Dans le même esprit, je propose à mes étudiants de procéder à la « cérémonie du bâton ». On commence par écrire tous ses mauvais souvenirs sur un morceau de papier. On prend ensuite un bâton et on entoure l'une de ses extrémités avec la feuille en la maintenant avec un élastique ou du scotch. On va dans un coin reculé de la forêt, on saisit le bâton en se concentrant sur le poids de ces réminiscences, et dès qu'on se sent prêt, on le jette aussi loin que possible avec toute la force dont on est capable.

Pour évacuer ces souvenirs désagréables, il convient d'en faire la liste, honnêtement, et de n'en négliger aucun. Voilà pourquoi il est important de les rédiger noir sur blanc. De plus, pour que la libération soit efficace, il est nécessaire de la concrétiser par une action ou un cérémonial. Si l'on se contente de penser : « Je vais me débarrasser de tout ça », cela ne marche pas. Les différentes étapes – entourer le papier, marcher jusqu'à la forêt, sentir le bâton dans sa main, se délivrer du fardeau en le propulsant loin – augmentent l'intensité de la résolution. Et c'est efficace : en agissant ainsi, on appuie sur la touche « Effacer ».

Plus tard, quelqu'un a critiqué ma technique au motif que j'encourageais la pollution du milieu forestier et que je contribuais indirectement à la dégradation de l'environnement. J'ai donc modifié son déroulement.

Comme précédemment, énumérez par écrit ce qui vous encombre l'esprit, car, avant de le gommer, il faut d'abord qu'il remonte à la conscience. Mais vous le ferez sur un support différent, particulièrement adapté aux souvenirs « merdiques » : un rouleau de papier hygiénique. Une fois que vous aurez inscrit ces souvenirs nauséabonds, jetez la feuille à la place qui lui convient : dans les toilettes. Il ne vous restera plus qu'à tirer la chasse !

9
Bon ou mauvais ? Qui peut savoir ?

Il y a fort longtemps, un roi se coupa un doigt pendant une partie de chasse. Il fit venir le médecin qui l'accompagnait partout afin qu'il panse sa blessure.

« Ça va aller ? lui demanda-t-il.

— Bon ou mauvais ? Qui peut savoir ? » répondit l'homme de l'art.

Ils reprirent leur traque. Le temps qu'ils rentrent au palais, la plaie s'était infectée. Le roi convoqua à nouveau le médecin, qui la nettoya, la recouvrit d'un onguent et la banda.

« Tu es sûr que ça va aller ? » l'interrogea-t-il, un peu soucieux.

La réponse qu'il reçut : « Bon ou mauvais ? Qui peut savoir ? » ne le rassura pas vraiment.

Son inquiétude était fondée : en quelques jours, l'infection empira au point que l'on dut procéder à l'amputation du doigt. Le monarque était tellement furieux de l'incompétence du médecin qu'il l'escorta en personne jusqu'au donjon et le fit jeter au cachot.

« Alors, ça te plaît d'être sous les verrous ? »

Le spécialiste haussa les épaules.

« La prison, Majesté… Bon ou mauvais ? Qui peut savoir ?

— Non seulement tu es un incapable, mais en plus, tu es fou ! » déclara le roi en tournant les talons.

En quelques semaines, sa blessure guérit et il put retourner chasser. Lancé à la poursuite d'un animal, il s'écarta des autres cavaliers et se perdit. Alors qu'il errait dans les bois, il fut capturé par les membres d'une tribu indigène qui fêtait ce jour-là le dieu de la jungle. Ils avaient une offrande à sacrifier en son honneur ! Ils ficelèrent le roi à un tronc et aiguisèrent un grand couteau tandis que le sorcier dansait autour de lui en chantant des mélopées. Il saisit la lame pour trancher la gorge de sa victime mais s'écria tout à coup :

« Arrêtez tout ! Cet homme n'a que neuf doigts. Il n'est pas assez parfait pour qu'on en fasse don à notre dieu. Libérez-le ! »

Après plusieurs jours, le roi retrouva le chemin de son palais et se rendit immédiatement au donjon pour remercier son médecin si sage.

« Je te prenais pour un demeuré avec tes "Bon ou mauvais ? Qui peut savoir ?" qui ne voulaient rien dire. Depuis, j'ai compris que tu parlais d'or. Ce doigt en moins a été une bénédiction : il m'a sauvé la vie. J'ai eu tort de te mettre derrière les barreaux. Accepte mes excuses.

— Sire, vous plaisantez ?! Si vous ne m'aviez pas enfermé, je vous aurais suivi à la chasse et j'aurais été fait prisonnier avec vous. Et moi, j'ai tous mes doigts !! »

10
Le chauffeur de taxi égaré

En 1977, un homme rentrait d'un déplacement professionnel qui s'était bien déroulé dans la ville indienne de Mumbai. Il avait réservé un taxi suffisamment à l'avance pour avoir largement le temps d'enregistrer ses bagages à l'aéroport. Malheureusement, le chauffeur, qui était pourtant du coin, s'égara. À mesure que les minutes s'écoulaient, l'homme d'affaires, de plus en plus anxieux à l'idée de rater son avion, se mit en colère contre le chauffeur, qui perdit tous ses moyens.

Le voyageur comprit que, s'il voulait partir, la seule chose à espérer était que son vol soit retardé – ce qui était relativement fréquent à l'époque. Quand ils arrivèrent enfin à l'aéroport, cet ultime espoir s'évanouit : il aperçut l'appareil de sa compagnie en train de décoller. Exceptionnellement, il était parti à l'heure.

« Imbécile ! Vous êtes pourtant bien placé pour connaître le trajet de l'aéroport. On devrait vous retirer votre licence ! Par votre faute, j'ai loupé mon avion, sinistre crétin ! » hurla-t-il, fou de rage.

À ce moment-là, il leva les yeux vers le ciel et vit le long-courrier tomber en piqué vers le sol et s'écraser.

Il m'a affirmé que cette expérience avait changé sa vie. Depuis, lorsque les choses ne se déroulent pas comme prévu, il ne s'emporte plus. Au contraire, il se contente de commenter : « Bon ou mauvais ? Qui peut savoir ? »

11
Il n'y a pas de criminels

Un gardien de la prison locale m'a téléphoné car il souhaitait que je revienne donner des cours aux détenus. J'ai répondu que j'étais très occupé et que mes obligations étaient beaucoup plus prenantes qu'à l'époque où je me rendais régulièrement dans son établissement. Je lui ai promis d'envoyer un autre moine.

« Non ! m'a-t-il dit. Nous tenons à ce que ce soit vous.

— Pourquoi ?

— J'ai fait presque toute ma carrière dans l'administration pénitentiaire et j'ai remarqué qu'avec vous, il se passait quelque chose de particulier : les détenus qui avaient assisté à vos sessions n'ont jamais refait de prison après leur libération. Je vous en prie, revenez nous voir. »

Ce compliment est l'un de ceux qui m'ont le plus touché. En repensant à cette conversation, je me suis demandé ce que j'avais mieux accompli que les autres au point de faire véritablement évoluer ces prisonniers. L'explication que j'ai trouvée, c'est que, toutes ces années où j'ai enseigné en milieu carcéral, je n'ai jamais croisé de criminels.

J'ai vu des hommes qui avaient commis des meurtres, mais pas de meurtrier. J'en ai connu qui avaient volé, mais pas de voleur. J'ai même rencontré des coupables d'horribles agressions sexuelles, mais pas de violeur ou de pédophile. Pour moi, ils étaient plus que leurs crimes.

Cela ne rime à rien de réduire une personne à un, deux ou même plusieurs de ses actes, si condamnables soient-ils. Cela annule tout ce qu'elle a accompli d'autre dans sa vie et qui était parfois digne de respect. J'avais face à moi des hommes responsables d'un délit, non des délinquants, parce que je prenais en compte tous leurs faits et gestes.

Comme je voyais des êtres humains et pas uniquement leurs méfaits, eux aussi voyaient ce qu'il y avait de bon en eux. Sans nier leurs fautes, ils avaient une meilleure estime d'eux-mêmes. Et lorsqu'ils sortaient de prison, ils en sortaient pour de bon.

12
Les signes de la maladie mentale

J'ai rapporté l'histoire précédente lors d'une conférence sur la santé mentale. Elle a beaucoup impressionné le chef de service d'un hôpital psychiatrique réputé, qui m'a par la suite invité à « bénir » son établissement.

« Dans quelle forme de démence êtes-vous spécialisé ? lui ai-je demandé.

— La schizophrénie, m'a-t-il répondu.

— Comment la traitez-vous ?

— Ainsi que vous l'avez exposé dans votre discours : ce n'est pas la schizophrénie des patients que je soigne, c'est tout le reste. »

J'ai fait le geste d'hommage bouddhiste en joignant les mains au niveau du cœur. Il avait compris mon message.

« Quels résultats obtenez-vous ? ai-je repris tout en devinant à l'avance sa réponse.

— Excellents ! Bien meilleurs que les autres thérapies. »

En qualifiant un malade de schizophrène, on le stigmatise et il y a de fortes chances qu'il se comporte conformément à l'étiquette qu'on lui a attribuée. En revanche, si on le considère simplement comme une personne souffrant d'épisodes schizophrènes, si l'on part du principe qu'il est beaucoup plus que son affection, on permet à ce qu'il y a de sain en lui de se développer.

13
La permission de mourir

« Êtes-vous en paix avec votre disparition prochaine ? »

C'est une question que je pose souvent aux personnes qui arrivent au terme de leur vie. Je le fais pour qu'elles comprennent que c'est bien de mourir, qu'il n'y a aucun mal à cela, qu'elles peuvent quitter ce monde en paix et dans la dignité.

Elles me répondent fréquemment qu'elles se sentent prêtes. Le problème, me disent-elles, c'est que leur famille et leurs amis ne veulent pas les laisser partir – « Maman, je t'en supplie, ne t'en va pas ! Guéris, par pitié ! » – et cela devient leur principale source de souffrance.

Steve, un bouddhiste d'une trentaine d'années, était spécialiste du rafting. Il avait créé une agence de voyages qui proposait des expéditions dans les plus beaux spots du monde et qui marchait bien. Malheureusement, il était atteint d'un cancer incurable.

Je lui avais rendu visite à de nombreuses reprises et, honnêtement, je m'étonnais qu'il soit encore vivant. Il souffrait le martyre. Pourquoi s'accrochait-il ainsi ? Un jour que j'étais à son chevet, je me suis tourné vers son épouse Jenny et je lui ai demandé :

« Vous lui avez donné l'autorisation de mourir ? »

L'instant suivant fut chargé d'une émotion intense dont j'ai été le témoin privilégié. Sans me répondre, Jenny s'est allongée contre son mari frêle et amaigri, l'a serré tendrement dans ses bras et a dit à l'homme qu'elle aimait de tout son cœur :

« Steve, tu as ma permission. C'est bon, tu peux partir. »

Ils se sont étreints en pleurant. Il est mort moins de deux jours plus tard.

À maintes reprises, j'ai pris à part les proches d'une personne agonisante pour leur conseiller de faire à cet être qu'ils aimaient l'un des plus beaux cadeaux : *la permission de mourir*. Cela ne peut évidemment avoir lieu que si l'on sent que le moment est venu et de la manière la plus adaptée. C'est un présent libérateur pour ceux que nous aimons.

14
Blague bouddhiste

Un moine bouddhiste reçoit l'appel d'un fidèle de son temple.

« Vous pourriez venir chez moi aujourd'hui ? C'est pour une bénédiction.

— Je suis désolé, répond-il, mais c'est impossible. Je suis occupé.

— Ah bon ? Qu'est-ce que vous faites ?

— Rien. C'est ce que nous, les moines, sommes censés faire.

— D'accord », dit le fidèle, et il raccroche.

Le lendemain, il rappelle.

« Vous pourriez passer effectuer une bénédiction aujourd'hui ?

— Malheureusement, non. Je ne peux pas, je suis occupé.

— Qu'est-ce que vous faites ?

— Rien.

— Mais c'est ce que vous avez fait hier !

— Oui, conclut le moine, mais je n'ai pas terminé. »

15
Les vieux moines ne mentent pas

Chaque année, les moines de ma tradition cessent de voyager pendant trois mois environ, le temps de la saison des pluies, et choisissent un lieu pour effectuer leur retraite.

Quelques jours avant d'entamer sa retraite, un moine assez âgé se présenta à la porte d'un pauvre paysan. Ce dernier, qui était très pieux, lui offrit de quoi se restaurer et lui proposa de s'installer non loin de sa ferme.

« Vénérable, je vous construirai une petite cabane dans un pré au calme, près de la rivière. Ma femme se fera un plaisir de vous apporter à manger. Tout ce que nous vous demandons, c'est de nous transmettre de temps à autre votre enseignement et de nous guider dans nos méditations. »

Le moine accepta leur offre.

Le paysan, son épouse et leurs enfants s'attachèrent à ce bonze sage et bienveillant au point que, lorsque trois mois plus tard il leur annonça son prochain départ, ils fondirent en larmes et le supplièrent de rester.

« Je ne peux m'attarder plus longtemps, leur répondit-il. Toutefois, vous m'avez si bien choyé que je veux vous venir en aide à mon tour. Il y a quelques jours, lors d'une méditation profonde, j'ai vu qu'un trésor était enterré près d'ici. Je veux que vous le récupériez. Écoutez-moi attentivement, suivez mes indications, et vous ne serez plus jamais dans le besoin. »

La famille au grand complet sécha ses pleurs et l'écouta religieusement, sans mettre ses paroles en doute car les vieux moines ne mentent pas.

« Tenez-vous à l'aube sur le seuil de votre ferme. Prenez un arc et une flèche. Pointez la flèche vers le soleil levant et, dès qu'il apparaîtra à l'horizon, laissez-la partir. Le trésor est là où elle tombera. »

Le moine prit congé le soir même. Le lendemain matin, toute la famille était sur des charbons ardents, si bien qu'ils furent debout bien avant l'aurore. Le paysan prit son arc et une flèche et se mit sur le pas de la porte. Sa femme attrapa une pelle. Il leur sembla que, ce jour-là, le soleil mettait une éternité à se lever. Il surgit enfin et le fermier décocha sa flèche en direction de l'astre. Ils se ruèrent à l'endroit où elle était tombée. Une fois sur place, il demanda à sa femme de creuser un trou. Ce qu'elle fit.

Que trouva-t-elle ? Rien, à part des ennuis : la flèche avait atterri dans le champ d'un homme riche, qui les prit sur le fait.

« Il est interdit de faire des tranchées chez les autres ! cria-t-il à la pauvre femme. Je vais vous intenter un procès ! Vous irez en prison !

— C'est la faute de mon mari, se défendit-elle en le montrant du doigt. C'est lui qui a voulu que je fasse un trou ici.

— C'est la faute du vieux moine, rétorqua le mari. Il avait promis qu'en piochant là, on découvrirait un trésor.

— Un vieux moine ? répéta l'homme riche. Allons bon... Les vieux moines ne mentent pas. Qu'a-t-il dit exactement ?

— "Tenez-vous à l'aube sur le seuil de votre ferme. Prenez un arc et une flèche. Pointez la flèche vers le soleil levant et, dès qu'il apparaîtra à l'horizon, laissez-la partir. Le trésor est là où elle tombera."

— Ah, je vois où vous vous êtes trompé ! s'écria l'homme riche. Regardez-vous : vous vous nourrissez si mal que vous n'avez pas assez de force pour tirer une flèche correctement.

Je vous propose un marché : demain, je prendrai place devant votre ferme et, quand nous aurons déterré le trésor, nous le partagerons moitié-moitié. »

Le paysan n'avait pas vraiment le choix et accepta. Le lendemain matin, son voisin prit l'arc, se posta à la porte et attendit l'aube. Le paysan s'était muni de la pelle. (C'était son karma de creuser car, la veille, il avait confié la tâche à sa femme !) À l'apparition du soleil, l'homme riche tira la flèche, qui parcourut une distance beaucoup plus longue. Ils coururent après elle et le paysan fit un trou où elle avait touché le sol.

Que trouva-t-il ? Rien, à part des ennuis supplémentaires : elle avait atterri dans la propriété d'un général, qui les attrapa par le col.

« Vous n'avez pas le droit de détériorer mon terrain ! hurla-t-il. Je vais ordonner à mes soldats de vous couper la tête !

— C'est sa faute ! se récria le paysan en pointant l'homme riche. C'est lui qui m'a suggéré de creuser là.

— C'est la faute du vieux moine, s'exclama ce dernier. Il nous a certifié qu'on trouverait un trésor.

— Le vieux moine ? dit le général. Ça alors ! Les vieux moines ne mentent pas. Que vous a-t-il raconté ?

— "Tenez-vous à l'aube sur le seuil de votre ferme. Prenez un arc et une flèche. Pointez la flèche vers le soleil levant et, dès qu'il apparaîtra à l'horizon, laissez-la partir. Le trésor est là où elle tombera." »

Après avoir bien écouté, le général déclara :

« Oh, je sais où vous avez fait erreur. Qu'est-ce qu'un civil peut connaître de l'archerie ? Seul un militaire entraîné comme moi maîtrise cet art. Nous allons passer un accord, vous et moi. Je lancerai la flèche depuis votre ferme et, quand nous aurons exhumé le trésor, nous le répartirons en trois parts égales. »

Le lendemain matin, ce fut donc le général qui saisit l'arc et la flèche à la porte en attendant le lever du soleil. La pelle était dans les mains de l'homme riche. (C'était son karma de creuser ce jour-là.) Au moment où le soleil surgit à l'horizon, le général banda l'arc avec adresse et darda sa flèche, qui s'envola très loin. Ils se précipitèrent et là où elle atterrit, l'homme riche creusa.

Que trouva-t-il ? Rien, à part de gros ennuis : elle était tombée dans les jardins du palais royal. Les gardes les arrêtèrent, les enchaînèrent et les présentèrent au roi.

« Vandaliser les jardins royaux constitue une offense capitale, décréta ce dernier. Qu'avez-vous à déclarer ?

— Sire, c'est sa faute, s'exclama le général, l'index dressé vers l'homme riche.

— C'est sa faute, Majesté, se récria l'homme riche en désignant le paysan.

— C'est la faute du vieux moine, Votre Altesse, plaida le paysan. Il nous a assuré qu'on trouverait un trésor...

— Un vieux moine ? coupa le roi. Pourtant, les vieux moines ne mentent pas. Qu'a-t-il déclaré précisément ?

— "Tenez-vous à l'aube sur le seuil de votre ferme. Prenez un arc et une flèche. Pointez la flèche vers le soleil levant et, dès qu'il apparaîtra à l'horizon, laissez-la partir. Le trésor est là où elle tombera." »

Le roi ne vit rien à redire aux directives du moine. Il chargea ses soldats de partir à sa recherche et de l'escorter jusqu'au palais afin qu'il fournisse des explications. Le moine fut rapidement repéré et déféré devant le souverain.

« Cher moine, dit-il avec respect, tu as mis ces gens en grande difficulté avec ton histoire de trésor. Qu'as-tu à dire pour ta défense ?

— Sire, ce n'est pas une histoire : les vieux moines ne mentent pas. S'ils n'ont pas déniché le trésor, c'est qu'ils n'ont pas bien écouté. Pourquoi ne viendriez-vous pas demain à la ferme ? Je vous montrerai qu'aucun n'a suivi mes instructions à la lettre. Je vous garantis que vous trouverez le trésor mais je vous demanderai de le diviser en quatre parts égales entre Vous-Même, le général, l'homme riche et le paysan. »

Le monarque accepta sa requête.

Le lendemain à l'aube, le paysan et sa famille, l'homme riche, le général, le roi et le vieux moine se réunirent devant la ferme et ce dernier répéta ses recommandations.

« Tenez-vous à l'aube sur le seuil de votre ferme. Prenez un arc et une flèche. Pointez la flèche vers le soleil levant et, dès qu'il apparaîtra à l'horizon, laissez-la partir. Le trésor est là où elle tombera. »

Le roi prit place sur le seuil et se tourna vers lui pour avoir son approbation.

« C'est bien cela, Majesté », confirma le moine.

Il empoigna l'arc et la flèche.

« C'est bien cela, Majesté. »

Il dirigea la flèche vers le soleil levant.

« C'est bien cela, Majesté. »

L'astre solaire apparut à l'horizon. Le roi s'apprêta à tirer la flèche mais le vieux moine cria :

« Stop ! Ce n'est pas correct, Majesté. »

Le roi se figea et le regarda, surpris.

« Souvenez-vous, Majesté : "Laissez-la partir". »

Le roi réfléchit, répéta la phrase dans sa tête, puis sourit. Il avait compris.

Il lâcha la flèche, qui tomba à terre, entre ses pieds.

Ils creusèrent un petit trou et dégagèrent un trésor si énorme qu'un quart suffisait à contenter un roi, et *a fortiori* un général et un homme riche. Quant au pauvre paysan et à sa famille, ils furent satisfaits au-delà de leurs espérances les plus folles !

Le moine leur apprit que, lorsqu'on décoche la « flèche du désir insatiable » en espérant atteindre le bonheur, on ne trouve généralement rien… à part des ennuis supplémentaires. Tandis qu'en laissant partir la flèche de la frustration, elle tombe où on est, « ici et maintenant ». Et c'est là qu'on découvre le trésor de la félicité, qui comble même les rois.

Je peux le confirmer parce que je suis un vieux moine… et les vieux moines ne mentent pas !

16
Le doigt le plus important

Les cinq doigts de la main se disputaient pour déterminer lequel, parmi eux, était le plus important.

« C'est moi, affirma le pouce. D'abord, je suis le plus fort. Ensuite, c'est moi qu'on utilise quand on est d'accord. Je suis le doigt qui dit : "OK".

— Pas du tout ! s'écria l'index. Je suis beaucoup plus important ! Je représente la sagesse car je sers à indiquer les choses. Sans compter qu'on m'emploie également pour attirer l'attention.

— N'importe quoi ! ricana le majeur. Je suis le plus grand et je vois plus loin que vous tous réunis. Je suis si puissant que, si on me dresse, ça énerve tout le monde. Je vous rappelle que le Bouddha nous enseigne que la voie de l'Éveil est celle du Milieu, et je suis le doigt du milieu.

— Désolé de vous contredire, mais vous vous trompez, intervint l'annulaire d'une voix douce. Je suis le plus important car je suis le doigt de l'amour. Quand on est amoureux et qu'on se fiance, c'est à moi qu'on passe la bague. Si l'on s'engage pour longtemps par les liens du mariage, on me pare d'un second anneau. Je suis le doigt de l'amour, l'amour est ce qu'il y a de plus important au monde, par conséquent je suis le doigt le plus important.

— Excusez-moi, les interrompit l'auriculaire. Je sais que je ne suis ni grand ni fort et qu'on m'oublie souvent, mais je pense être le plus important, même si on fait appel à moi pour le sale boulot, comme se curer les oreilles. Lorsqu'on prie le Bouddha, je suis toujours le plus proche de lui. Levez les mains, priez, et vous verrez. »

Dans les groupes, les familles ou les temples, les plus humbles, qui font le ménage, sont les plus importants parce que, comme l'auriculaire, ils sont plus proches du Bouddha.

17
Décrire l'anxiété

Une étudiante de l'université d'Adelaïde m'a téléphoné car elle souffrait de crises d'angoisse si aiguës qu'elle n'arrivait plus à se lever de son lit et qu'elle était paralysée à l'idée de sortir de chez elle. Ni les psychiatres ni les psychologues de la faculté n'avaient pu la soulager. Son oncle, un donateur régulier de mon monastère, lui avait conseillé de m'appeler.

Elle m'expliqua qu'elle était alitée depuis plusieurs semaines. Elle se débrouillait pour vivre grâce son copain, qui lui faisait la cuisine, le ménage et les courses. (Des petits copains tels que lui, on n'en trouve pas tous les jours !)

« Quand la crise se déclenche, dans quelle partie du corps la ressentez-vous ? lui demandai-je.

— Que voulez-vous dire ? répondit-elle, décontenancée.

— Toutes les émotions se matérialisent par un symptôme physique. Où se concentre votre angoisse ?

— Je n'en ai aucune idée.

— Réfléchissez-y et rappelez-moi dès que vous pourrez me le dire. »

Quelques jours plus tard, elle me repassa un coup de fil. Elle avait remarqué que son malaise se diffusait au niveau de son plexus, un peu sous la poitrine.

« Décrivez-le-moi, lui dis-je.

— Je ne peux pas.

— Rappelez-moi quand vous pourrez. »

Au bout de trois ou quatre jours, elle me fit un exposé très détaillé de ce qu'elle éprouvait chaque fois que la panique la gagnait.

« Très bien, la félicitai-je. Maintenant, à l'apparition de ce signe physique, posez la main sur votre buste et massez cette zone, sans appuyer, le plus longtemps possible. Si vous ne vous en sentez pas capable, dites à votre ami de le faire pour vous. Après tout, les petits copains sont là pour ça ! Reparlons-en d'ici la fin de la semaine. »

À notre entretien suivant, je lui demandai ce que devenait cette sensation quand elle la massait avec douceur.

« Elle disparaît, me répondit-elle.

— Et le sentiment d'angoisse ? »

Après un temps de réflexion, elle répondit :

« Lui aussi ! »

Elle avait, par ce biais, pu surmonter ses crises. En lui prescrivant de localiser son anxiété et de la décrire, je lui avais appris à fixer son attention sur ses sensations douloureuses. Il lui avait alors été beaucoup plus facile de les atténuer par une attitude bienveillante et, par répercussion, de dissiper son mal-être. Par la même occasion, je l'avais incitée à prendre en charge sa thérapie, ce qui lui avait redonné confiance en elle.

Chaque émotion s'exprime en un point particulier du corps dont on n'est généralement pas conscient. Comme il est difficile de s'atteler à un problème psychique, on se concentre sur son équivalent physique. Sitôt que ce dernier s'efface, la cause affective s'atténue.

La jeune étudiante put progressivement se lever et reprendre ses études. C'était une fille intelligente et travailleuse, et elle obtint son diplôme avec mention. Mon aide l'avait tellement impressionnée qu'elle vota pour moi au concours de l'« Australien de l'année » ! Je n'ai pas été lauréat, mais son geste m'a beaucoup touché, d'autant plus qu'en décembre 2009, à sa requête, j'ai béni son mariage avec le jeune homme qui s'était occupé d'elle.

18
Le baiser qui soigne

Mes parents n'étaient pas riches – j'ai grandi dans un appartement HLM – mais ils étaient d'une grande bonté. On n'avait pas peur des cambriolages : la plupart du temps, on ne verrouillait pas la porte d'entrée. On partait du principe que, si un voleur s'introduisait chez nous, il nous prendrait probablement en pitié.

Je passais mon temps dans la rue à jouer au foot avec mes copains. Quand je me faisais tacler et que je m'écorchais le genou sur le trottoir ou le bitume, je me précipitais en larmes vers ma mère. Elle se contentait de s'agenouiller à côté de moi et de poser les lèvres sur ma blessure pour « la guérir avec un bisou ». La souffrance disparaissait immédiatement. Elle m'appliquait un pansement en vitesse et je retournais taper dans le ballon.

Aujourd'hui, je me demande s'il était raisonnable de mettre une bouche pleine de germes en contact avec une plaie ouverte... Cela dit, pas un seul de mes bobos ne s'est infecté. Sans compter que les baisers maternels étaient des antidouleurs instantanés !

À travers ce genre d'incidents, j'ai appris grâce à ma mère le pouvoir guérisseur de la bonté.

19
Le crocodile du tsunami

On a assisté lors du tsunami de 2004 à d'incroyables sauvetages, et notamment celui-ci, où un habitant du Sri Lanka survécut grâce à sa bonté.

Il allait chaque matin au bord d'un lagon relié à l'océan pour nourrir les poissons avec des tranches de pain de mie. Un jour, il vit un énorme crocodile. Les crocodiles sri-lankais sont très dangereux et ont la réputation d'apprécier la chair humaine.

Sans se laisser impressionner, l'homme lui lança plusieurs tranches. Il les croqua d'un coup de mâchoires puis repartit tranquillement.

Il revint tous les jours à l'heure du petit déjeuner avaler son pain de mie avant de replonger dans les flots.

Lorsque le tsunami se déclencha, l'homme était en train de donner à manger aux poissons. Comme il était près du rivage, il fut soulevé par la gigantesque lame de fond et emporté vers le large. Au début, il tenta de s'accrocher à une chaise, mais le raz-de-marée était si puissant qu'elle lui échappa. Il s'agrippa alors à un rondin, qui lui fut également arraché des mains. Au bord de la noyade, il saisit un tronc qui passait à sa portée, réussit à s'y cramponner et à souffler un peu.

Quand il reprit ses esprits, il remarqua un phénomène très curieux. Alors que les objets flottants, entraînés par les courants, dérivaient vers l'horizon, le tronc avançait en sens inverse, vers la côte. Aussitôt qu'il fut proche de la terre ferme, l'homme lâcha le tronc et rampa sur la plage. C'est seulement une fois hors de danger qu'il se rendit compte que son « tronc » avait une queue. C'était le crocodile !

Les cyniques diront que le saurien l'avait sauvé uniquement pour avoir une plus grosse portion le lendemain. Les sages, quant à eux, savent que, par cet acte de compassion, l'animal ne faisait que s'acquitter des gestes de bonté quotidiens de l'homme.

20
Chéri, j'ai perdu les gosses !

J'ai eu la chance de passer mon enfance dans un petit appartement. En clair, cela signifiait que mes parents, mon frère et moi ne pouvions pas nous éviter. Comme tous les couples, mon père et ma mère se disputaient parfois, mais, dès qu'ils se rabibochaient, j'en étais témoin. Cela m'a montré que les conflits faisaient partie de la vie et qu'on peut surmonter n'importe quel désaccord grâce au beau geste de pardon qui a pour nom « réconciliation ».

Je partageais ma chambre avec mon frère aîné. Nous nous bagarrions, nous faisions des bêtises, nous avons grandi ensemble et appris à nous aimer profondément. Si j'avais eu une chambre pour moi seul, je n'aurais pas profité de tout cela.

J'ai lu un reportage sur une femme qui avait gagné plusieurs millions au loto en Angleterre. Avec cette somme, elle s'était acheté un magnifique manoir à la campagne. Un an plus tard, elle l'avait revendu à perte pour acheter une maisonnette.

Elle expliquait que, pendant la période où elle avait vécu dans cette immense demeure, elle ne savait jamais où étaient ses enfants ou son mari : son fils dans une aile, sa fille dans une autre, son époux au fond d'une enfilade de pièces. Ils ne se voyaient pratiquement plus et elle se sentait très seule. Par sa taille, cette bâtisse l'avait séparée d'eux.

Dès qu'ils furent installés dans un foyer plus modeste, elle put à nouveau être en leur compagnie. Elle disposait de moins d'espace, mais elle avait retrouvé sa famille.

Dans les pays riches, nous habitons dans des logements trop vastes où chaque enfant a sa chambre et où l'on a vite fait de s'éloigner les uns des autres. On y apprend à être indépendant, mais plus à vivre ensemble.

21
Comment une souricière tua une poule, un cochon et une vache

Cinq souris, une poule, un cochon et une vache vivaient dans une ferme à la campagne et étaient amis. Les souris, installées dans la maison, étaient très serviables. Lorsque le fermier annonçait qu'il avait envie de suprêmes de volaille, elles recommandaient à la poule d'aller se cacher. Lorsque sa femme prévoyait de cuisiner des saucisses de porc, elles suggéraient au cochon de s'allonger sur le flanc et de faire semblant d'être malade. Et lorsqu'elles entendaient le fermier dire qu'il mangerait bien du rosbif pour le dîner, elles incitaient la vache à changer de pré. La poule, le cochon et la vache avaient surnommé leurs cinq amies « CIA » : nos Cinq Informatrices Amicales.

Un jour, à travers un trou dans le mur, une souris vit le fermier déballer un paquet. Elle faillit s'étouffer en découvrant qu'il contenait une souricière.

« Malheur ! Nous sommes fichues ! On va toutes y passer ! dit-elle aux quatre autres. Qu'allons-nous faire ? »

Elles décidèrent de demander assistance à leur copine Madame la Poule.

« Cot, cot, cot, répondit cette dernière. Comment ce piège ridicule pourrait-il me blesser ? »

Les souris furent très surprises qu'après toute l'aide qu'elles lui avaient apportée, Madame la Poule ne songe ni à leur donner un coup de main ni même à les réconforter.

Elles allèrent se confier à leur compère Monsieur le Cochon.

« Honk ! leur dit-il. Je n'ai pas le temps. Je viendrai vous voir plus tard. Après tout, une souricière, ça ne me concerne pas ! »

Là encore, elles furent déçues. Elles se dirigèrent vers la plus robuste et la plus courageuse de leurs amis. Mais Madame la Vache était trop occupée à mâcher de l'herbe pour émettre ne serait-ce qu'un « Meuh ! ». Les souris, folles d'inquiétude, la supplièrent et elle consentit à déclarer :

« Bon, ce n'est pas mon problème mais je vais ruminer dessus. »

Les souris rentrèrent dans leur nid. Malgré les innombrables services qu'elles avaient rendus à leurs amis, elles n'avaient obtenu qu'un « Cot, cot, cot » de Madame la Poule, un « Honk ! » de Monsieur le Cochon et même pas un « Meuh ! » de Madame la Vache.

Dans la soirée, l'une d'elles partit chercher quelque chose à se mettre sous la dent avant d'aller au lit. Elle mit une patte dans la souricière et CLAC !!! monta tout droit au paradis (parce qu'elle avait été gentille).

En entendant le piège se refermer, les autres accoururent pour lui porter secours. Mais elles ne pouvaient rien pour elle. Leur chère amie était morte. Elles pleurèrent, sanglotèrent, se lamentèrent.

La fermière, qui avait elle aussi entendu claquer la souricière, s'approcha par curiosité. En voyant la souris morte et ses camarades affligées s'enlacer tour à tour avec leurs petites pattes, elle poussa un cri et s'évanouit.

Le lendemain matin, elle était toujours en état de choc et resta alitée. Son mari se demanda ce qui pourrait la requinquer. Tout à coup, il eut une idée : du bouillon de poule ! Il attrapa Madame la Poule, lui trancha la tête et la fit cuire dans un fait-tout avec du sel et de l'ail.

Les amis de la fermière, apprenant qu'elle était malade, accoururent pour lui rendre visite, comme c'est l'usage. Pour nourrir ses invités, le fermier tua Monsieur le Cochon et servit des côtes de porc grillées.

Malheureusement, la fermière ne se remit pas du spectacle des souris endeuillées et rendit l'âme. Ses proches furent nombreux à assister à ses funérailles et le fermier leur prépara des dizaines de sandwiches au bœuf. Vous avez deviné d'où venait la viande...

Voici comment une petite souricière tua une poule, un cochon et une vache. Ne pensez jamais : « Ce n'est pas mon problème. » Si un ami vous appelle à l'aide, c'est aussi votre problème. Les amis sont là pour ça.

22
Savoir recevoir les compliments

En 2004, j'ai reçu la prestigieuse médaille John Curtin (du nom du Premier ministre australien durant la Seconde Guerre mondiale) en récompense de mon esprit d'initiative, de mon leadership et de mon engagement pour la collectivité. La cérémonie eut lieu à Perth en présence des hauts responsables de la Curtin University.

On m'avait demandé de prononcer un bref discours de réception, au cours duquel j'ai déclaré que ce prix était pour moi à la fois un immense honneur et une surprise car d'autres que moi avaient rendu de bien plus grands services à la communauté. J'ai aussi insisté sur le fait que je n'aurais pu accomplir tout cela sans le soutien sans faille de nombreuses personnes.

L'année suivante, j'ai été invité à la remise de la médaille du nouveau lauréat. Mes prédécesseurs ayant assisté à la mienne, il m'a semblé que je devais suivre leur exemple et je m'y suis donc rendu.

Elle était attribuée au Dr Joske, chef du service d'hématologie d'un grand hôpital de Perth. Il avait remarqué dans sa pratique quotidienne que ses malades cancéreux bénéficiaient des meilleurs traitements en matière de chirurgie, de chimiothérapie et de radiothérapie mais que les soins postcure étaient insatisfaisants. Il avait donc usé de sa forte influence pour mettre en place un centre de soins alternatifs dans cet établissement. Tous les patients qui recevaient des thérapies anticancéreuses conventionnelles avaient également droit, sans débourser un sou, à des séances d'acupuncture, de réflexologie plantaire, de reiki et autres techniques considérées comme « non scientifiques ». Son raisonnement était que, par ce biais, les malades seraient au minimum réconfortés et qu'ils se sentiraient pris en charge, ne serait-ce qu'avec un massage des pieds d'une demi-heure. Malgré les railleries de ses confrères, le Dr Joske avait persévéré et obtenu des résultats remarquables. Son expérience m'avait paru très inspirante.

Il devait, comme moi, prononcer une allocution. Il affirma que c'était pour lui un immense honneur et une surprise car bien d'autres que lui avaient accompli beaucoup plus. Il ajouta qu'il n'aurait pu faire autant de choses sans le soutien indéfectible de nombreuses personnes.

Assis dans l'auditoire, je pensais : « Mais… C'est mot pour mot ce que j'ai dit l'an dernier ! » C'était le cas, en effet : c'est ce que proclament généralement ceux que l'on célèbre officiellement.

Concernant le Dr Joske, il ne faisait pour moi aucun doute qu'il méritait amplement la reconnaissance symbolisée par cette médaille. Je me suis dit par conséquent : « Peut-être qu'en théorie je méritais aussi celle de l'an dernier ? De brillants universitaires se sont penchés sur mes travaux et leurs résultats et en ont déduit que j'en étais digne. De quel droit remettrais-je en question le jugement de ces sages, étayé par des faits ? » J'en ai conclu que, tout comme le Dr Joske avait légitimement droit à cette médaille, j'étais en droit de la recevoir. C'est seulement alors, avec un an de décalage, que j'ai véritablement accepté leur récompense.

Depuis, chaque fois que des gens intelligents me félicitent, je rends hommage à leur sagesse en acceptant leur éloge et leur réponds : « Merci. Je le mérite. »

Ma réaction fait toujours rire parce qu'elle est inattendue, mais mes interlocuteurs comprennent le message et par effet de miroir, se disent qu'ils peuvent, eux aussi, accepter les louanges. Et cela modifie complètement leur équilibre affectif.

En guise de post-scriptum, j'ajouterais qu'avant, je rejetais les compliments parce qu'on m'avait enseigné que cela donnait la grosse tête. Ce n'est pas vrai. En réalité, accepter les compliments donne un grand cœur.

23
Le principe des 15 secondes de compliments

Des expériences en psychologie ont démontré qu'il faut compter en moyenne quinze secondes de compliments ininterrompus avant qu'ils soient entendus. S'il s'agit de critiques, en revanche, le message est perçu immédiatement !

Recevoir des louanges nous met tellement dans l'embarras que nous les rejetons par différentes pensées :

« De quoi me parle-t-elle ? »

« Il a trop bu ou quoi ? »

« Il a sûrement une idée derrière la tête... »

Par conséquent, si vous voulez dire à votre femme qu'elle est merveilleuse ou à votre mari que vous l'admirez énormément, prenez un chronomètre (ou regardez la pendule) et *n'arrêtez pas*. Ce n'est qu'au bout de quinze secondes qu'il (ou elle) prendra vos éloges au sérieux.

24
La règle des 70 %

Avant d'être moine, j'ai enseigné les mathématiques dans un lycée en Angleterre. Tenter d'inculquer des connaissances à des adolescents est suffisamment stressant pour pousser n'importe qui à renoncer au monde et à entrer dans les ordres !

Avant de faire passer mon premier devoir sur table, j'ai demandé conseil à un collègue plus expérimenté que moi. Il m'a suggéré de ne pas choisir des problèmes trop ardus car, si la majorité des élèves obtiennent une note inférieure à la moyenne, ils se découragent, en concluent que les maths sont une matière trop difficile et ne font plus d'efforts. À l'inverse, si l'épreuve est particulièrement facile et que beaucoup ont de bonnes notes, le contrôle ne sert à rien.

D'après lui, je devais préparer mes exercices de façon à parvenir à une note moyenne de 14 sur 20, soit 70 % de réponses justes, ce qui inciterait mes élèves à persévérer. Dans les 30 % de questions où ils auraient fait des erreurs, je pourrais identifier leurs points faibles et les approfondir par la suite. Le contrôle comportait donc 70 % d'encouragements et 30 % d'apprentissage.

Plus tard, je me suis rendu compte que cette règle s'appliquait également dans la vie. Si l'on ne décroche en moyenne que 6 à 8 sur 20 dans les épreuves de l'existence, on baisse les bras, on déprime, on a envie de laisser tomber. *A contrario*, si l'on s'en sort toujours avec les honneurs, on apprend peu et on ne progresse pas. Mais quand les résultats frôlent les 70 % magiques, on a suffisamment de réussites pour rester motivé et suffisamment d'échecs pour en tirer des enseignements et s'améliorer.

25
Revoir ses prétentions à la baisse

La règle des 70 % montre que, dans la vie, il ne faut pas espérer effectuer un parcours sans faute et qu'il est préférable d'échouer de temps à autre. Si vous vous fixez comme objectif de rater votre coup une fois sur trois, votre existence sera riche. Si vous avez l'ambition de toujours réussir, vous serez stressé, angoissé, vous voudrez tout contrôler en permanence et votre vie sera sans intérêt. En réduisant vos prétentions à 70 %, vous commencerez à en profiter.

Dans les relations amoureuses, nous attendons tellement de notre partenaire que nous avons du mal à établir des liens durables où chacun se sent suffisamment accepté pour mûrir. Par conséquent, si votre mari ne réussit que dans 70 % des cas, restez avec lui ! Mais si votre femme frôle les 98 %, dites-lui de se détendre et de faire quelques erreurs, sinon vous la quitterez !

Il en va de même pour les parents, qui ne devraient pas placer autant d'espoir dans leurs enfants. Seule la moitié des élèves obtient les meilleurs résultats scolaires ! C'est vrai aussi dans l'autre sens : les enfants devraient espérer moins de leurs parents. Ni les uns ni les autres n'ont fini de « grandir ».

Je dis souvent aux bouddhistes dont les rejetons font partie des excellents élèves ou des cancres de leur classe qu'ils ne sont pas de bons fidèles. Ils sont en effet censés suivre le précepte fondamental de la Voie du Milieu. Si votre enfant est dans la moyenne, quelle que soit son activité, c'est que vous êtes de bons bouddhistes !

26
Trois de mes gaffes les plus mémorables

Je ne cherche pas à être parfait. En réalité, j'aime bien faire des bourdes : j'en parle à mes amis, je les fais rire et ma bêtise contribue à la bonne humeur générale.

1. J'avais animé une retraite de méditation de neuf jours à Penang et mes hôtes m'avaient reconduit à l'aéroport. En attendant l'heure de l'embarquement, ils m'avaient offert une délicieuse boisson corsée et onctueuse à base de café, servie avec une boule de glace.

Je voulus aspirer ce nectar avec la paille, mais rien ne vint. J'aspirai plus fort. Toujours rien. Pensant que la paille était bouchée, j'aspirai de toutes mes forces. Je remarquai alors que mes amis pouffaient ou mettaient poliment une main devant leur bouche pour cacher leur hilarité. Je retirai la paille… C'était une cuiller en plastique !

Dans mon pays, les cuillers sont en métal avec un manche plat, et non pas fines, tubulaires et en plastique comme dans ces bars branchés. S'ajoutait à cela que la boisson était trop épaisse pour que je puisse voir l'extrémité de la

« paille ». Quoi qu'il en soit, j'éclatai de rire, et mes voisins purent se joindre à moi. J'avais fait la joie de plusieurs personnes.

2. J'ai accompli mon noviciat de moine bouddhiste dans le nord-est de la Thaïlande sous l'autorité d'Ajahn Chah, un célèbre maître de méditation. À mon arrivée dans ce pays, je ne parlais pas un mot de thaï et j'ai dû l'apprendre « sur le tas ».

Un jour, j'ai eu besoin de savon. L'usage voulait qu'on aille voir le maître et qu'on s'adresse à lui – dans sa langue, bien entendu. Le mot correspondant à « savon » est *saboo*, que je prononçai « *sapo* », ce qui signifie « ananas ».

Ajahn Chah voulut savoir à quel usage je destinais cet ananas et je lui répondis : « Pour me laver », ce qui le fit s'esclaffer au point qu'il faillit tomber de sa chaise.

Pendant plusieurs jours, il s'amusa à demander à ses compatriotes qu'il croisait :

« Tu savais que les Occidentaux se lavent avec des ananas ? Leur civilisation est vraiment très avancée ! »

Mon initiation au thaï lui a procuré beaucoup de bons moments.

3. J'avais été sollicité pour célébrer la cérémonie funèbre d'un parent d'un fidèle de mon temple, originaire du Sri Lanka. Debout devant le lutrin, dans la maison funéraire, j'accueillis la famille endeuillée venue assister au rite solennel, et je débutai mon discours par ces mots :

« Nous sommes réunis pour nous souvenir avec respect de la mère de mon ami, qui vient de nous quitter. »

J'avais choisi de dire « la mère de mon ami » car les patronymes sri-lankais sont incroyablement longs et pratiquement impossibles à articuler pour un Occidental.

Une vieille dame assise au premier rang se leva, interrompit mon allocution de bienvenue et s'écria sur un ton indigné :

« Ce n'est pas moi qui suis morte, c'est mon mari ! »

L'assistance éclata de rire. Il me sembla même voir le cercueil se trémousser. L'office qui suivit fut une véritable commémoration de l'existence du défunt, remplie de souvenirs heureux – jusqu'au dernier.

27
La dernière question

Je reçus un jour un appel m'annonçant qu'un couple était en route pour me rencontrer après avoir fait une déposition au commissariat de police. Le matin même, à leur réveil, ils avaient vécu le pire cauchemar pour des parents : ils avaient découvert leur fils de dix-sept ans pendu.

Les suicides, chez les jeunes, sont presque toujours imprévisibles. Cet adolescent avait beaucoup d'amis et ne présentait aucun symptôme dépressif. Il semblait se plaire au lycée, s'apprêtait à passer l'examen d'entrée à l'université et promettait de faire de brillantes études. Il n'y avait eu aucun signe avant-coureur du geste qu'il allait accomplir.

Ses parents se sentaient terriblement coupables et n'arrêtaient pas de s'interroger sur ce qu'ils auraient pu faire, ou dire, pour éviter cela. Fort heureusement, la religion bouddhiste ne s'appesantit pas sur nos erreurs pour alimenter le monstre dévorant qu'est la culpabilité. J'ai pu sans me forcer les assurer qu'ils n'étaient en rien responsables. Ce genre de drame touche même les parents les plus attentionnés. Ils furent sensibles à mes arguments.

Ils me confièrent ensuite leur épouvante – c'est le mot qui convient tant leur tourment était grand – à l'idée de ce qui attendait leur fils après sa mort. En tant que bouddhistes, ils croyaient à la réincarnation et avaient entendu dire que les personnes qui mettent fin à leurs jours renaissent en enfer.

Ils avaient déjà subi un affreux traumatisme en étant témoin du suicide de leur enfant. Penser qu'il était désormais confronté à une telle souffrance ne faisait qu'aggraver leur chagrin. Que l'on croie ou non en une vie après la mort, nous préférons penser que nos chers disparus nous ont quittés pour « un monde meilleur ». C'est épouvantable de les imaginer dans un lieu bien pire, mille fois pire.

Sachant que leur fils préparait l'examen d'entrée à l'université, je leur ai demandé quelles matières il travaillait et combien de devoirs il devait rendre. Bien que déconcertés par une telle question dans ces circonstances, ils me répondirent qu'il bûchait quatre matières, avec deux dissertations dans chacune. Ma question suivante a porté sur le nombre d'exercices que comportaient en moyenne les devoirs. D'après eux, il y en avait environ huit.

« Cela fait donc soixante-quatre questions pour être admis dans une université australienne, leur ai-je dit. À votre avis, que se passe-t-il si un étudiant répond correctement à soixante-trois d'entre elles et se trompe à la dernière ? Est-il admis ou non ?

— Oui, bien sûr », répondirent-ils en souriant.

Ils m'avaient compris.

Leur fils ne se verrait pas refuser une renaissance heureuse uniquement parce qu'il s'était suicidé, pas plus qu'on ne recale un candidat parce qu'il a flanché à la dernière étape de l'examen. C'était un jeune homme très gentil, qui avait bien affronté les épreuves de la vie et qui méritait une renaissance heureuse.

28
Les avantages de se faire exploser en vol

Je me déplace beaucoup en avion – si souvent que mes amis s'inquiètent pour ma sécurité. Ce moyen de transport étant une cible privilégiée pour les terroristes, la fréquence de mes voyages fait que je cours plus de risques d'être victime d'un attentat.

Afin de les rassurer, j'ai dressé la liste des avantages qu'il y a à périr dans l'explosion d'un long-courrier à dix mille mètres d'altitude.

1. Crémation instantanée. Si vous avez déjà eu à vous occuper des funérailles d'un être cher, vous savez que cela demande énormément de travail : il faut choisir une entreprise de pompes funèbres et le modèle de cercueil, prévenir les membres de la famille et les amis, poser des jours de congé et, la plupart du temps, sustenter les personnes qui viennent à la cérémonie. Mais, à supposer que votre grand-mère, par exemple, décède dans un crash aérien, tous ces problèmes sont résolus d'un coup : plus besoin de pompes funèbres, de cercueil, ni de RTT. Même la dispersion des cendres est assurée ! C'est le premier avantage : une crémation immédiate et sans souci.

2. Opération financièrement rentable. Les services funéraires, selon la formulation habituelle, coûtent un bras (et le reste du corps pour celui que l'on inhume). Les proches qui se chargent de l'organisation des obsèques ne peuvent, et on les comprend, se résoudre à une prestation au rabais – une « offre spéciale, valable uniquement cette semaine » – pour leur aïeule chérie. Si celle-ci disparaît à la suite d'une attaque kamikaze, non seulement ils ne déboursent pas un sou pour son enterrement, mais l'assureur de la compagnie leur verse en prime un dédommagement substantiel. Au bout du compte, ils sortiront gagnants de la catastrophe qui coûta la vie à leur grand-mère.

3. Renaissance assurée. Le dernier avantage est le plus intéressant : si grand-maman trépasse suite à la désintégration de la carlingue dans la stratosphère, elle rendra l'âme si près du paradis qu'elle n'aura pas de difficulté à accomplir le reste du chemin.

Voilà pourquoi je n'ai absolument pas peur de prendre l'avion. Encore une preuve de l'efficacité de la pensée positive, qui permet de surmonter l'anxiété. Ceci dit, pour la planète, mieux vaut prendre le train !

29
J'y vais ou j'y vais pas ?

À la fin d'une conférence que j'ai donnée à Oslo, une jeune femme que je n'avais jamais vue m'a interrogé sur la meilleure façon de prendre des décisions aux étapes cruciales de la vie.

Pour que sa question soit en prise avec la réalité, je lui ai répondu :

« Supposons par exemple qu'une personne se demande si elle doit ou non épouser son copain. »

La pauvre demoiselle a rougi jusqu'aux oreilles, s'est caché le visage dans les mains et s'est tournée, très gênée, vers le jeune homme assis à côté d'elle. Pour ne rien arranger, l'assemblée a éclaté de rire.

Après lui avoir présenté mes excuses, je lui ai suggéré une technique ancienne mais éprouvée lorsqu'on doit faire un choix : le jouer à pile ou face. Face, je l'épouse. Pile, je ne l'épouse pas. Et dans son cas, je lui proposais une grille d'interprétation différente.

Cette lecture nouvelle, dont j'avais entendu parler peu de temps auparavant, se base sur la réaction affective provoquée par le résultat du pari.

Admettons que la pièce retombe côté face, ce qui signifie : « Je l'épouse. » Selon que vous vous exclamerez : « Oui ! »

en souriant jusqu'aux oreilles ou que vous froncerez les sourcils en pensant : « Humm... Je vais la relancer pour voir si ça se confirme », vous aurez exprimé très clairement votre désir profond. Dans tous les cas, suivez cette voie.

Lancer une pièce en l'air est en fait un moyen très efficace de savoir ce que vous dit votre cœur.

30
Demandez à votre chien

Nous sommes tellement attachés à nos animaux de compagnie qu'il nous est impossible de répondre quand on sollicite notre accord pour procéder à leur euthanasie.

Consentir à abréger la vie d'une bête qu'on aime profondément paraît cruel. Pour les bouddhistes, cela transgresse en outre un précepte moral fondamental. D'un autre côté, refuser qu'on mette fin à ses souffrances semble bien plus cruel. Comment résoudre ce dilemme ?

C'est simple : demandez à votre chien !

Judy était revenue à la clinique avec son chien atteint d'un cancer. Le vétérinaire lui apprit qu'à part une injection létale, il ne pouvait plus rien pour lui, d'autant qu'il souffrait beaucoup. Elle réclama de rester quelques instants seule avec son cher toutou. Elle m'avait souvent entendu conseiller de « demander au chien ». Elle le prit dans ses bras, le regarda dans les yeux et lui dit : « Tu veux mourir maintenant ? Tu en as marre de ce cancer ? Ou tu préfères continuer encore un peu ? »

Lorsqu'on vit avec une bête depuis longtemps et qu'on a instauré avec elle une relation forte, on sait ce qu'elle désire. Judy ressentit avec intensité que son chien, qui lui faisait confiance, ne souhaitait pas que sa vie s'arrête tout de suite. Elle repoussa donc la proposition du vétérinaire, qui se mit en colère.

« Vous, les bouddhistes, vous êtes stupides et sans cœur ! »

Mais il n'y eut rien à faire. Judy repartit avec son chien.

Quelques mois plus tard, elle le ramena à la clinique pour un nouvel examen. Il s'était rétabli tout seul. Il arrive, même chez les humains, que des cancers guérissent spontanément et de façon inattendue. Le spécialiste, ébahi, l'ausculta sous toutes les coutures pour vérifier qu'il était vraiment en bonne santé et lui déclara :

« Vous, les bouddhistes, vous êtes pleins de sagesse et si bienveillants ! »

Ce n'est pas à nous de décréter si un être vivant doit vivre ou mourir, même s'il s'agit d'un animal. Notre rôle se limite à lui demander son avis. À partir du moment où l'on est un maître attentionné, on comprendra sa réponse et on la transmettra aux soignants. La décision sera celle de notre chien (ou de notre chat) et non la nôtre. Lui seul sait.

31
Soigner et non guérir

Je suis moine à Perth depuis 1983. Au fil du temps, j'ai gagné la confiance et le respect des familles bouddhistes de la ville au point que de nombreux adolescents me considèrent un peu comme leur grand-père adoptif. Ils fréquentent mon temple depuis leur enfance et se sentent suffisamment à l'aise avec moi pour me livrer des secrets qu'ils ne révéleraient pour rien au monde à leurs parents.

Le jeune médecin bouleversé qui est venu me voir était l'un d'eux. Nouvel interne dans un grand hôpital de la région, il avait perdu la veille son premier patient : une femme avait succombé dans son service et il avait dû annoncer au mari inconsolable que ses deux enfants en bas âge étaient désormais orphelins. Il se sentait terriblement coupable vis-à-vis de cette famille.

Bien entendu, il n'était pas en faute. Il avait fait tout ce qui était en son pouvoir pour cette femme. La raison de sa mauvaise conscience était ailleurs, et c'est ce que j'ai voulu aborder avec lui.

« Si tu penses que ton devoir, en tant que médecin, est de guérir tes malades, prépare-toi à souffrir souvent du sentiment d'impuissance que tu éprouves en ce moment. En effet, durant ta carrière, un certain nombre d'entre eux vont mourir. Par contre, si tu adoptes comme principe que ta responsabilité consiste à t'en occuper aussi bien que possible, tu ne seras jamais en situation d'échec. Même si tu n'es pas en mesure de les guérir, tu auras pris soin d'eux. »

C'était un garçon intelligent et il comprit aussitôt ce que je voulais dire. Il devint rapidement un meilleur praticien en se fixant pour objectif de consacrer toute son attention à ses patients. S'ils se rétablissaient, c'était formidable ; s'ils perdaient la vie, ils avaient bénéficié des meilleurs soins.

Beaucoup de gestes médicaux sont imposés dans le but de maintenir à tout prix en vie les malades parce que la société attribue une plus grande valeur à la guérison qu'aux soins. Si l'on inversait la priorité, non seulement la fin de vie des patients serait plus douce et apaisée mais je crois qu'en outre, il y en aurait plus qui guériraient !

32
Du lait et des biscuits

Un chirurgien chevronné, attaché à un prestigieux hôpital américain, étudia avec attention le dossier médical qu'on venait de lui adresser. La patiente était atteinte d'un cancer à un stade avancé et les unités de soins spécialisés de la région étaient démunies devant ce cas difficile. Les thérapies envisageables étaient complexes et coûteuses, ses chances de survie très faibles. Après avoir vérifié ses coordonnées et collecté quelques renseignements complémentaires, il décida de la prendre en charge.

Ses confrères s'étonnèrent de l'importance des moyens qu'il était prêt à engager pour la traiter. Il prit contact avec plusieurs services d'autres établissements afin de réunir les meilleurs spécialistes, et se démena pour cette femme alors qu'il croulait sous le travail.

Ces efforts furent payants : en quelques mois, il constata qu'elle était en rémission complète et qu'elle pouvait espérer vivre de longues années. Elle rentra chez elle enchantée.

Quelques jours plus tard, elle reçut un courrier de l'hôpital. Elle l'ouvrit avec appréhension, redoutant que les honoraires se montent à plusieurs centaines de milliers de dollars. Au lieu de cela, elle lut, écrit de la main même du chirurgien :

« Réglées il y a vingt-cinq ans avec un verre de lait et deux biscuits. »

Un quart de siècle plus tôt, il n'avait pas un sou et enchaînait les petits boulots pour payer ses études de médecine. L'un d'eux consistait à faire du porte-à-porte. À la fin d'une journée très chaude où il n'avait rien vendu, il frappa à la porte d'un énième appartement. La femme qui lui ouvrit écouta son boniment sans lui acheter quoi que ce soit, mais demanda à ce jeune homme qui semblait épuisé :

« Vous avez mangé aujourd'hui ?

— Pas depuis ce matin, madame.

— Ne bougez pas. »

Elle revint peu après et lui tendit un verre de lait et deux petits gâteaux.

Entre-temps, il était devenu un spécialiste reconnu. Lorsqu'il avait feuilleté le dossier de cette femme, son nom lui avait paru familier. Il avait suffi de quelques appels téléphoniques pour confirmer que c'était bien celle qui lui avait si gentiment offert, des années plus tôt, un en-cas bienvenu.

Par gratitude pour ce geste de bonté qu'il n'avait pas oublié, non seulement il avait tout mis en œuvre pour qu'elle guérisse, mais il avait aussi payé sa facture.

33
Les remords du représentant

À l'époque où j'étais étudiant (et que mes cheveux étaient beaucoup, beaucoup plus longs qu'aujourd'hui), je multipliais moi aussi les petits boulots pendant les vacances pour joindre les deux bouts. C'est ainsi que je me suis retrouvé à faire du démarchage à domicile pour des encyclopédies pour enfants.

Je devais apprendre par cœur des arguments marketing, un court laïus destiné à convaincre les clients que refuser cette somme de connaissances revenait ni plus ni moins à priver leurs chers bambins d'une éducation digne de ce nom. J'avais pour consigne de ne pas hésiter à exercer une pression psychologique sur eux pour qu'ils se sentent extrêmement coupables s'ils refusaient d'acheter ma magnifique collection d'ouvrages éducatifs.

J'avais bien conscience que cette technique « à l'arraché » était immorale, mais j'étais jeune et j'avais besoin d'argent.

Le premier jour, j'ai placé une série complète à un charmant jeune couple qui venait d'emménager avec ses deux enfants. La nuit suivante, j'ai très mal dormi. Je repensais sans arrêt à ces parents qui, par ma faute, devraient payer une facture supplémentaire pour une encyclopédie sans intérêt. Je me sentais tellement coupable que j'ai démissionné dès le lendemain.

J'ai eu longtemps des remords en songeant à cette transaction. Puis, devenu moine, j'ai appris à me pardonner et à passer à autre chose. Après tout, j'étais tellement immature dans ma période chevelue…

Un vendredi soir, à Perth, au cours d'une réunion, j'ai évoqué cette anecdote pour illustrer le sens du mot « pardon ». À la fin, une jeune femme d'une petite trentaine d'années est venue me parler.

« Vous n'allez peut-être pas me croire, mais cette histoire est véridique ! Quand j'étais petite, je vivais à Londres. Un jour, un homme chevelu a sonné chez nous et a vendu à mes parents une encyclopédie pour enfants. J'adorais ces livres ! De tous ceux qui étaient dans ma bibliothèque, c'étaient mes préférés. Je ne sais pas si c'était vous, mais, quoi qu'il en soit, merci infiniment. »

Pour une fois, je suis resté sans voix.

Si l'univers fonctionne comme je l'imagine, je suis prêt à parier que c'est moi qui ai cédé ces ouvrages à ses parents.

34
La triste saga de l'araignée suicidaire

Une jeune araignée heureuse de vivre trouva dans une pièce au calme le recoin idéal pour établir sa première résidence. Elle tissa avec entrain une magnifique toile, suffisamment originale pour mériter un reportage dans *Ma toile, mon jardin*. Épuisée mais fière de son œuvre, elle s'installa au centre pour se reposer en attendant son prochain repas.

Une vieille dame entra dans la pièce et l'aperçut. Elle poussa un cri si perçant que son mari, pourtant à moitié sourd, l'entendit. Dès qu'il comprit la raison de son émoi, il détruisit séance tenante le gîte de l'araignée qui, par chance, survécut à l'agression.

Ébranlée mais refusant de se laisser intimider, elle partit en quête d'un nouveau foyer et tissa une seconde toile, certes moins réussie esthétiquement que la précédente, mais assez belle tout de même. Avant que son premier casse-croûte ailé fasse son apparition, une femme de ménage repéra la toile et la retira d'un coup de balai. La pauvre araignée s'enfuit à toutes pattes pour sauver sa peau.

Le même scénario se reproduisit dans la maison suivante, et dans deux autres encore. Quand elle en fut à déplorer la destruction de sa sixième toile, la pauvre araignée commença, on peut le comprendre, à présenter tous les symptômes du syndrome de stress post-traumatique : elle avait peur du moindre renfoncement et redoutait d'entamer une nouvelle toile.

En avançant sur le trottoir, harassée, l'estomac vide, elle ressassait de sombres pensées : « Tout le monde me rejette alors qu'il me faut simplement un coin tranquille, n'importe où. Je ne ferai de mal à personne. Je veux juste attraper des mouches et des insectes. En plus, tout le monde déteste les insectes. La vie est trop injuste. Je meurs de faim, je suis à bout de forces et je me sens... si seule ! »

Elle se mit à pleurer et envisagea bientôt d'en finir avec la vie.

« Personne ne m'aime. À quoi bon m'obstiner ? Je n'aurai jamais de maison, jamais de quoi me nourrir. Je devrais me supprimer. »

Elle fit exprès de se glisser sous les chaussures des piétons, mais se débrouilla pour se faufiler dans l'espace entre leur talon et leur semelle. Elle traversa la rue, pourtant très fréquentée, et réussit à passer entre les roues des voitures, jamais dessous. Quand on est déprimé, on ne fait rien correctement, même pas son suicide.

Au bout du rouleau, elle abandonna jusqu'à l'idée d'attenter à ses jours. Elle pleurnichait et titubait comme une pocharde sur le trottoir sans savoir où ses pattes la menaient. À un moment, se sentant observée, elle se retourna et se retrouva nez à nez avec une araignée dodue et joviale qui lui demanda en souriant :

« Pourquoi pleures-tu ? »

En s'essuyant le nez dans un mouchoir en papier, l'araignée découragée raconta sa triste histoire. Lorsqu'elle eut terminé le récit de ses malheurs, elle se rendit compte qu'en fait, toutes les représentantes de son espèce n'étaient pas maigres et dépressives : celle qu'elle avait sous les yeux était grasse et semblait ravie de son sort.

« Comment fais-tu pour être heureuse et bien en chair ? » s'enquit-elle.

Sa consœur rondouillarde souriait toujours.

« Personne ne détruit tes toiles ? insista-t-elle.

— Je n'en ai tissé qu'une seule en tout et pour tout dans ma vie, répondit la grosse araignée. Je capture chaque jour de la nourriture en abondance. En fait, poursuivit-elle d'une voix empreinte de bonté, j'en ai plus qu'il ne m'en faut et largement assez pour deux. Viens loger chez moi !

— Attends un peu. Où as-tu accroché ta toile pour que personne n'y touche pendant si longtemps ?

— Oh, je me suis installée au fond de la boîte de dons, dans le temple d'Ajahn Brahm. Je ne suis jamais dérangée ! »

35
Le secret des mariages heureux

Comment se fait-il que les prêtres et les moines, qui ont fait vœu de célibat, célèbrent les mariages ? J'ai moi-même béni de nombreuses unions dans ma vie – y compris de célébrités, ce qui m'a valu une photo dans l'édition malaisienne du magazine *people Hello* !

Au cours de la cérémonie, je n'hésite pas à donner quelques conseils de sagesse aux deux tourtereaux émus. Ma motivation est purement égoïste : je n'ai aucune envie qu'ils reviennent plus tard m'importuner avec leurs problèmes conjugaux. Je leur dévoile donc le « secret » des mariages heureux et ils me laissent en paix. Je suis satisfait, eux aussi : tout le monde y gagne !

Quel est donc ce fameux « secret » ?

Le moment venu, au cours de la bénédiction, généralement après l'échange des alliances, je dis à la jeune femme en la regardant droit dans les yeux :

« Vous voilà mariée. Désormais, vous ne devrez plus penser à vous. »

Elle acquiesce aussitôt d'un signe de tête et me fait un joli sourire.

Je me tourne ensuite vers son nouvel époux.

« Vous non plus ne devrez plus penser à vous. »

J'ignore comment fonctionne le cerveau masculin, mais, la plupart du temps, quelques secondes s'écoulent avant qu'il me réponde :

« D'accord. »

Sans le quitter du regard, je lui lance :

« À compter de cet instant, ne pensez plus non plus à votre épouse. »

Je pivote vers la jeune femme et j'ajoute :

« Idem pour vous vis-à-vis de votre mari. »

J'aime observer l'expression médusée qui se lit immanquablement sur leur visage. Il n'est pas nécessaire d'être une voyante extralucide pour deviner qu'ils se disent : « Il est fou ce moine ? Qu'est-ce qu'il raconte ? »

Cette confusion est un outil pédagogique très utile : tandis que votre interlocuteur se concentre pour résoudre l'énigme, vous lui apportez la réponse – et vous êtes assuré de bénéficier de toute son attention.

Je leur donne aussitôt l'explication :

« À partir du moment où on est marié, on ne doit plus se préoccuper de sa petite personne ; sinon, on n'apporte rien à son couple. On ne doit pas non plus se focaliser sur son partenaire, car on ne ferait que donner, donner et encore donner et il ne resterait rien pour le duo que vous formez. Au contraire, il faut n'avoir qu'un mot en tête : "nous". Car vous êtes engagés dans cette aventure ensemble. »

Ils se tournent alors l'un vers l'autre en souriant. Mon message est passé : le mariage, ce n'est ni « moi », ni « lui » ou « elle », c'est « nous ».

Pour vérifier qu'ils ont bien compris le fameux « secret », je leur pose une dernière question :

« Si vous rencontrez une difficulté, ce sera le problème de qui ?

— Le nôtre, répondent-ils en chœur.

— Parfait ! »

En cas de friction à l'intérieur d'un couple, si l'on considère que c'est à son partenaire de la résoudre, on ne fait rien pour arranger les choses. Et si l'on part du principe qu'on en est responsable, on néglige la moitié de la solution. Mais si l'on envisage chaque obstacle comme un problème commun, on le résoud à deux, et cela donne un mariage heureux et épanouissant.

36
Eau bénite

Un des rituels des cérémonies nuptiales bouddhistes consiste à asperger l'heureux couple d'eau bénite pour lui porter bonheur. Partant du principe qu'à l'heure actuelle, les mariages ont besoin d'un maximum de chances, j'ai tendance à les arroser copieusement ! Dès que le maquillage de la mariée commence à s'effacer et son mascara à dégouliner, je dis au jeune homme : « Là, vous voyez à quoi elle ressemble en vrai ! » À mon avis, il vaut mieux qu'il le sache le plus tôt possible.

Lors d'un voyage en avion qui me ramenait à Perth, j'ai lu de la première à la dernière ligne le prospectus détaillant la réglementation douanière australienne. À ma grande surprise, j'y ai appris que l'eau bénite faisait partie des produits dont l'importation était prohibée. Vous pouvez vérifier ! Peut-être est-ce dû à l'épisode suivant.

À la belle époque où il y avait encore dans les aéroports une sortie « Rien à déclarer », un voyageur fut choisi au hasard pour une fouille de ses bagages. Le douanier qui ouvrit sa valise découvrit, dissimulées sous les vestes et les pantalons, deux bouteilles de whisky non déclarées.

« De quoi s'agit-il ? lui demanda-t-il.

— Je suis ecclésiastique, répondit le passager pris au dépourvu, et je rentre d'un pèlerinage à Lourdes. C'est de l'eau bénite, tout simplement.

— Tiens donc... Alors pourquoi y a-t-il écrit Johnny Walker sur les étiquettes ?

— Il me fallait un récipient pour la transporter et j'ai utilisé deux bouteilles vides. C'est bon, je peux m'en aller ? »

Le douanier soupçonneux décida d'en déboucher une pour vérifier. Il la mit sous son nez et s'écria :

« Ce n'est pas de l'eau bénite, c'est du whisky ! Sentez vous-même ! »

Le voyageur porta la bouteille à ses narines et renifla.

« Mon Dieu, mais vous avez raison ! s'exclama-t-il. C'est un nouveau miracle, à n'en pas douter. Alléluia ! »

On peut imaginer que l'interdiction d'introduire de l'eau bénite en Australie date de ce jour.

37
Les dangers de la conduite en état d'ivresse

Les moines bouddhistes n'ont pas le droit de changer l'eau en vin. C'est sans doute pour cela qu'en Australie, il y a plus de chrétiens que de bouddhistes.

Après un pot au bureau où il avait un peu forcé sur la bière, un habitant de Sydney décida de rentrer chez lui en voiture, persuadé qu'il courait peu de risques de se faire prendre.

Ce soir-là, la police municipale avait pourtant installé un barrage routier sur une route très fréquentée afin d'effectuer un contrôle d'alcoolémie. Manque de chance, c'était justement celle qu'emprunta notre homme. En l'apercevant à quelque distance, il comprit qu'il était coincé, qu'il n'avait pas d'échappatoire.

Bloqué dans la file en attendant de souffler dans le ballon, il se résigna à écoper d'une forte amende, voire de se faire retirer son permis. Il n'avait d'autre choix que de patienter jusqu'à l'inéluctable humiliation. Bientôt, il serait rattrapé par son sombre destin. Il se morfondait derrière son volant et se lamentait sur son sort.

Quand ce fut son tour, l'agent lui demanda de sortir de son véhicule et lui tendit un alcootest.

À l'instant précis où il le saisit, un énorme fracas retentit. Une voiture avait freiné trop brutalement en arrivant à hauteur du barrage et avait été percutée par celle qui la suivait. Le policier reprit l'alcootest et lui dit :

« Il faut que j'aille m'occuper de cet accident. C'est plus important que la quantité d'alcool que vous avez dans le sang. Reprenez votre voiture et rentrez chez vous. »

L'automobiliste n'en revenait pas d'avoir eu autant de veine : à une poignée de secondes près, il avait failli être arrêté. Encore sous le choc, il tourna les talons, remonta à la place du conducteur, appuya sur l'accélérateur et repartit en chantant à tue-tête tout le long du chemin.

Le lendemain matin, il fut réveillé par le carillon de la sonnette de l'entrée. Il rampa hors de son lit et s'habilla en se tenant la tête à cause de la migraine carabinée que lui avaient laissée ses excès de la veille. Quelques minutes plus tard, il descendit l'escalier d'un pas mal assuré, ouvrit la porte et se trouva nez à nez avec deux policiers municipaux.

Après un bref instant d'inquiétude, il se dit : « Ils ne peuvent pas me verbaliser, je ne conduis pas. »

« Messieurs, bonjour. Quel est le problème ?

— Bonjour monsieur. Cela vous ennuierait qu'on jette un coup d'œil dans votre garage ? »

Certain de n'avoir rien à cacher, il ne vit pas de raison de s'opposer à leur requête.

« Pas du tout. Je ne refuse jamais de collaborer avec les forces de police. Si vous voulez bien me suivre… » répondit-il en avançant d'un bon pas vers son garage.

Quand il y pénétra, son visage devint blême et ses lèvres se mirent à trembler car dans son garage… il y avait une voiture de police ! Il s'était trompé de véhicule pour revenir chez lui !

Ce sont les dangers de la conduite en état d'ébriété.

38
Bon Dieu de merde

On a tendance à penser que la vie d'aujourd'hui n'a rien de commun avec celle que l'on menait autrefois. Pourtant, si l'on en juge par le comportement de certains religieux bouddhistes en Inde il y a deux mille cinq cents ans, on comprend que certaines choses ne changent pas.

Au temps du Bouddha, bien avant l'apparition des égouts, une nonne avait pour tâche de vider les baquets dans lesquels elle transportait le contenu des latrines du monastère. Un matin à l'aube, au lieu de se débarrasser des eaux noires à l'endroit habituel, elle les renversa par négligence par-dessus le mur d'enceinte.

Or, ce jour-là, un marchand longeait ce même mur pour se rendre au palais. Il avait revêtu ses plus beaux habits parce qu'il avait sollicité une audience auprès du roi. L'histoire ne dit pas quelles pensées traversaient son esprit, mais il y a fort à parier qu'elles changèrent du tout au tout dès qu'il reçut sur le crâne le contenu des pots de chambre.

Il était fou de rage, scandalisé, hors de lui.

Sachant d'où provenaient les immondices, il hurla :

« Ces nonnes ne sont pas de saintes femmes ! Ce ne sont que biques ratatinées et filles de mauvaise vie ! Je vais de ce pas mettre le feu au monastère ! »

La tête couverte d'excréments, il saisit une des torches enflammées qui éclairaient la ruelle jusqu'au lever du jour et partit à grandes enjambées vers le monastère en lançant toutes sortes d'imprécations.

Un fidèle bouddhiste très pieux vit s'approcher le marchand furibond et lui demanda d'une voix posée ce qui le contrariait tant. Ayant appris qu'une « @#*% ! de nonne » avait versé sa tinette sur lui, il s'écria :

« Franchement, quelle aubaine ! Recevoir la bénédiction personnelle d'une sainte nonne, et de manière aussi originale, est de très bon augure.

— Ah bon ? répondit le marchand crédule.

— Assurément ! Rentrez chez vous, prenez un bain, changez-vous et revenez au palais. Il ne fait aucun doute que vous allez vivre une journée exceptionnelle. »

L'homme repartit, se lava, enfila des vêtements propres et se rendit au palais, où le roi lui confia un contrat public très lucratif.

Il fit part de sa bonne fortune à ses amis.

« Si vous voulez avoir de la chance en affaires, demandez aux nonnes la bénédiction la plus favorable : la merde sacrée. Pour moi, elle a été très efficace ! »

Le Bouddha entendit parler de cette histoire et sermonna les nonnes, leur affirmant qu'elles pouvaient se féliciter qu'un fidèle astucieux ait réussi à convaincre le commerçant superstitieux que recevoir des déjections portait bonheur. Certaines personnes sont prêtes à croire n'importe quoi.

En conséquence, il institua un précepte de discipline pour les nonnes. Depuis deux mille cinq cents ans, la huitième règle de leur code monastique stipule qu'« une nonne ne doit pas jeter de la merde par-dessus le mur du monastère ».

39
L'origine du matérialisme

Il était une fois une gentille nonne qui menait une existence frugale, possédait très peu de biens et logeait dans une grotte. Le matin, elle allait au village voisin avec son bol d'aumônes récupérer juste assez de nourriture pour son repas quotidien et consacrait le reste de la journée à méditer, étudier et transmettre son enseignement aux habitants des environs.

En revenant de sa tournée, elle remarqua que sa robe était trouée. Ce n'était pas la première fois car une famille de souris avait élu domicile dans sa grotte et elles aimaient ronger ses habits. Comme à son habitude, elle prit un morceau de tissu et la rapiéça. Tout en tirant l'aiguille, elle songea que, si elle avait un chat, elle serait débarrassée des souris et ne serait pas obligée de consacrer autant de temps à ces reprises. Le lendemain, elle en parla aux villageois, qui lui apportèrent un matou bien élevé au pelage brun assorti à la teinte de ses habits.

Comme il buvait du lait et mangeait du poisson, elle dut en demander pour lui chaque matin à ses donateurs. Elle se dit que si elle avait une vache, elle n'aurait plus besoin de quémander du lait pour nourrir le chat afin qu'il éloigne les souris qui grignotaient ses robes. Elle en réclama une à l'un de ses riches bienfaiteurs.

Une fois en possession du ruminant, elle dut se fournir du fourrage. Elle supplia les villageois de lui apporter de l'herbe pour alimenter la vache pour qu'elle produise du lait pour nourrir le chat afin qu'il éloigne les souris qui grignotaient ses robes.

Quelques jours plus tard, elle eut une idée : si elle avait un pré, elle n'aurait plus à importuner quotidiennement ses voisins. Elle organisa une collecte afin d'acheter un champ non loin de là. Elle aurait ainsi de l'herbe pour alimenter la vache pour qu'elle produise du lait pour nourrir le chat afin qu'il éloigne les souris qui grignotaient ses robes.

S'occuper du pré, conduire la vache et la traire : toutes ces tâches représentaient beaucoup de travail. La nonne en conclut que sa vie serait bien plus simple si un garçon de ferme effectuait ces corvées à sa place. En retour, elle l'instruirait et lui inculquerait la morale. Les villageois lui présentèrent le fils d'une famille pauvre qui avait bien besoin d'éducation. Elle avait désormais un assistant pour couper l'herbe pour alimenter la vache pour qu'elle produise du lait pour nourrir le chat afin qu'il éloigne les souris qui grignotaient ses robes.

Elle devait chaque jour obtenir une double ration de nourriture car les adolescents ont un gros appétit. Il lui fallait aussi un abri pour l'héberger près de sa grotte car la règle interdisait qu'ils partagent le même toit. Elle insista pour que ses voisins construisent une hutte pour le jeune garçon chargé de son pré qui coupait l'herbe pour alimenter la vache pour qu'elle produise du lait pour nourrir le chat afin qu'il éloigne les souris qui grignotaient ses robes.

Peu après, elle se rendit compte que les habitants l'évitaient car ils craignaient qu'elle les sollicite à nouveau. S'ils apercevaient au loin ne serait-ce qu'une vache à robe brune, ils s'enfuyaient de peur que ce soit elle ou s'enfermaient à double tour en tirant les rideaux.

Si l'un d'eux venait la questionner sur la méditation, elle répondait :

« Désolée, ce n'est pas le bon moment. J'ai trop à faire. Je dois surveiller la construction de la hutte pour le garçon qui coupe l'herbe de mon pré pour alimenter la vache pour qu'elle produise du lait pour nourrir le chat afin qu'il éloigne les souris et que je ne sois pas obligée de ravauder ma robe. »

Elle prit tout à coup conscience de ce qu'elle était en train de dire : « C'est ça, l'origine du matérialisme. »

Le lendemain, elle fit démolir la hutte par les villageois, renvoya le gamin dans sa famille, se débarrassa de la vache, rendit le pré et trouva un nouveau foyer pour le chat.

En quelques jours, elle regagna sa grotte et reprit sa vie simple et ses maigres possessions. En revenant un matin de sa tournée d'aumônes au village avec juste assez de nourriture pour son unique repas de la journée, elle remarqua qu'une souris avait fait un nouveau trou dans sa robe.

Le sourire aux lèvres, elle ajouta une pièce.

40
Kit-Cat

Voici la véridique histoire de Kit-Cat, une chatte étonnante qui est née et a vécu dans le monastère de Bodhinyana où je réside, à plus de cinquante kilomètres au sud de Perth.

Sa mère, une sauvageonne qui vagabondait dans la forêt domaniale voisine, l'avait abandonnée dans un tronc d'arbre. Quand nous sommes tombés sur Kit-Cat, ce n'était qu'un minuscule chaton affamé.

En grandissant, elle a pris l'habitude de chasser les oiseaux. Nous avons accroché une clochette à son collier, mais cela l'a incitée à se déplacer plus furtivement pour ne pas la faire tinter. Les moines avaient beaucoup d'affection pour elle, mais elle capturait de plus en plus de volatiles et nous avons dû, à contrecœur, prendre la décision de nous en séparer. La forêt australienne n'est pas le milieu naturel idéal pour un chat domestique.

Je lui ai trouvé un nouveau foyer à Watermans Bay, dans la banlieue nord de Perth, près de l'océan. Le jour de son départ, je l'ai glissée dans un sac et l'ai posée sur le tapis de sol, entre le siège avant et le siège arrière de la voiture de Chris, sa nouvelle maîtresse. Je me sentais coupable d'infliger ce traitement à une bête qui me faisait confiance.

Chris est rentrée directement chez elle, a porté le sac à l'intérieur de sa maison et n'a libéré la chatte qu'après avoir refermé sa porte. Elle voulait qu'elle s'habitue à son nouvel environnement avant de la lâcher dans le jardin.

Trois jours plus tard, un samedi où la température était caniculaire, elle a laissé sortir Kit-Cat, qui a aussitôt filé. Chris s'est lancée à sa poursuite mais la chatte était plus rapide : en un bond, elle a franchi le portail et s'est enfuie dans la rue. Chris est montée dans sa voiture et a fait le tour du quartier à sa recherche. En vain. Kit-Cat avait disparu.

Vous pensez probablement qu'elle a fini par retrouver le chemin du monastère, distant de quatre-vingt-cinq kilomètres. En ce cas, vous vous trompez. Elle était beaucoup trop maline pour parcourir une telle distance à pied.

Ce jour-là, j'assurais la permanence des cours dans notre centre d'études de Nollamara, dans la banlieue de Perth, à près de quatre-vingts kilomètres au nord de mon monastère et à une douzaine de kilomètres au sud-est de Watermans Bay. En passant devant la lourde porte du temple, qui était fermée, j'ai entendu un bruit insolite. Je l'ai ouverte et j'ai découvert la petite Kit-Cat qui me regardait en miaulant. Je l'ai aussitôt prise dans mes bras. Ses coussinets étaient brûlants (il faisait plus de 40 °C !). Je lui ai donné du lait, qu'elle a lapé soucoupe après soucoupe tellement elle était déshydratée. Ensuite, elle a fait ce pour quoi les chats sont particulièrement doués : elle s'est roulée en boule et s'est reposée.

Peu après, j'ai reçu un appel de Chris, qui s'est confondue en excuses.

« Ajahn Brahm, je suis vraiment désolée. J'ai laissé votre chatte sortir et elle s'est échappée. Je la cherche depuis pratiquement deux heures. Je suis confuse. J'espère qu'elle réussira à regagner le monastère de Serpentine.

— Ne vous en faites pas, Chris. Elle est à Nollamara, avec moi. »

Elle était si stupéfaite qu'elle est venue plus tard vérifier par elle-même. Kit-Cat m'avait rejoint dans une localité qu'elle ne connaissait pas, avait parcouru une douzaine de kilomètres en moins de deux heures, traversé une autoroute et plusieurs artères encombrées, sans carte, sans pouvoir demander son chemin. Elle était revenue vers la seule personne qui l'aimait dans cette métropole de plus d'un million d'habitants.

Le périple de Kit-Cat était d'autant plus épatant que nous ne l'avions sortie qu'une fois du monastère, pour un rendez-vous chez le vétérinaire (il l'avait stérilisée afin que, conformément à la règle monastique, elle ne puisse avoir des chatons). Elle avait toujours vécu à la campagne et en était partie dans un sac, sans pouvoir repérer où on l'emmenait. Malgré tout, cette bête intelligente m'avait trouvé !

Il va de soi que nous l'avons ramenée au monastère, où elle a vécu heureuse de longues années. Après vingt-deux ans de vie de chat, elle y est morte et a été inhumée sous l'arbre sacré de la Bodhi, près de la salle de méditation.

41
Refuge canin

Pour être équitable envers tous les animaux de compagnie, je vais enchaîner avec une histoire que l'on m'a racontée récemment et qui montre comment un chien intelligent a su réagir au stress de la vie moderne.

Une femme qui rentrait de faire ses courses ouvrait la porte de son pavillon de banlieue quand soudain, surgissant de nulle part, un gros chien passa devant elle et pénétra à l'intérieur. Le temps qu'elle pose ses sacs, il s'était roulé en boule au fond d'une pièce et assoupi. C'était un labrador qui portait un collier et semblait bien soigné. De toute évidence, pas un animal errant. Cette femme était gentille, aimait les chiens, et celui-ci lui plaisait beaucoup. Elle le laissa tranquille. Deux heures plus tard, il se réveilla, demanda à sortir et disparut.

Le lendemain, il se présenta à sa porte. Elle lui ouvrit et le laissa entrer. Il retourna au même endroit que la veille, se mit en boule et dormit à nouveau pendant deux heures.

Après que le scénario se fut reproduit à l'identique à deux ou trois reprises, curieuse de savoir d'où venait cet animal et pourquoi il avait pris cette habitude, elle écrivit un message sur un morceau de papier qu'elle plia en quatre et qu'elle coinça dans son collier. C'était un texte du genre :

« Depuis cinq jours, votre chien passe ses après-midi chez moi, où il se contente de dormir paisiblement. Il est très doux, il a bon caractère, et il ne me dérange pas du tout. Simplement, j'aimerais savoir où il vit et pourquoi il vient si régulièrement. »

Le lendemain, fidèle au rendez-vous, le chien fonça se reposer dans son coin. Un petit mot avait été glissé dans son collier et la femme put lire la réponse suivante :

« Mon chien vit dans une maison bruyante : mon épouse passe son temps à me faire des scènes et nous avons quatre enfants, dont deux de moins de cinq ans. Il va chez vous pour avoir la paix, être au calme et récupérer son retard de sommeil. Puis-je venir aussi ? »

42
Une incroyable fable surnaturelle

Un Australien était parti randonner en groupe au Ladakh, une région située à l'ouest du Tibet, dans les contreforts de l'Himalaya. Le paysage était si somptueux qu'il prenait quantité de photos et se laissa distancer par ses compagnons. Pensant les rattraper en empruntant un raccourci, il se trompa de sentier, les perdit de vue et s'égara complètement.

Après avoir erré deux heures sans carte dans un paysage désolé, il commença à s'inquiéter. Le soleil s'était caché derrière les sommets, le jour déclinait et la température chutait. Il n'avait pas la moindre idée de la direction à prendre et n'était pas très rassuré. Il se sentait vaguement en danger.

Soudain, il aperçut une vague lueur un peu plus loin. En s'approchant, il découvrit qu'un vieux monastère bouddhiste avait été construit dans ce lieu retiré au cœur des montagnes. Il frappa à la grande porte de bois qui donnait accès au temple. Au bout d'un moment, il entendit un bruit de pas. La porte s'entrebâilla sur un vieux moine, petit et frêle : le père abbé.

Ce dernier écouta son histoire d'une oreille bienveillante et lui proposa sa chambre, la seule du bâtiment à être équipée d'un lit à l'occidentale. Lui passerait la nuit ailleurs. Il savait où se rendaient les marcheurs et le ferait raccompagner le lendemain jusqu'à son groupe par un jeune moine.

Après un dîner frugal, le voyageur, épuisé, s'endormit rapidement sur la couche confortable de l'abbé. Juste après minuit, il fut réveillé par une musique extraordinaire, comme il n'en avait jamais entendu. Il avait assisté à de nombreux concerts à l'opéra de Sydney mais pas une fois il n'avait écouté de mélodie aussi douce et envoûtante ni ressenti un tel ravissement. Des larmes de béatitude coulaient sur ses joues à mesure que les notes divines pénétraient en lui. Sans qu'il s'en rende compte, elles le plongèrent dans le sommeil le plus profond et le plus relaxant qu'il eût connu. Le lendemain matin, il se leva frais et dispos, heureux pour la première fois depuis des années.

Après le petit déjeuner, il alla remercier l'abbé de lui avoir prêté sa chambre et lui demanda quelle était cette mystérieuse musique.

« Ah, ça…, répondit l'abbé.

— C'était une expérience incroyable, totalement nouvelle !

— Il s'agit d'un phénomène surnaturel, que les règles de notre monastère m'interdisent d'évoquer devant vous car vous n'êtes pas un moine. »

L'Australien, contrarié, sortit son portefeuille et lui tendit un billet de cent dollars.

« Non, non, lui dit l'abbé.

— Bon, alors combien ?

— Écoutez, déclara l'abbé sur un ton ferme, même si vous me proposiez cent millions de dollars, je ne pourrais vous en parler : seuls les moines ont le droit de savoir. »

Voyant qu'il n'y avait pas moyen de le soudoyer, l'Australien prit congé de lui, rejoignit son groupe, termina son parcours sans encombre et rentra dans son pays.

Après son retour, il ne cessa de repenser à cette musique féérique. Il en devint obsédé au point qu'il en perdit le sommeil et se montra de plus en plus distrait à son travail. Il consulta l'un des meilleurs psychologues de Sydney, sans résultat : il ne pouvait s'en délivrer. Elle le rendait littéralement fou. Il n'avait plus qu'une chose à faire.

Pratiquement un an jour pour jour après sa première visite, il se présenta à la porte du monastère du Ladakh et demanda à voir l'abbé, qui le reconnut. Il lui affirma que s'il ne voulait pas perdre l'esprit, il devait absolument savoir d'où provenait cette musique.

« Je suis vraiment désolé, répondit l'abbé avec compassion, mais je vous l'ai déjà expliqué, je ne peux rien vous révéler puisque vous n'êtes pas moine.

— Faites en sorte que je le devienne ! » répliqua l'Australien.

Pour être admis dans un monastère aux règles strictes, il faut s'astreindre à deux années de formation et d'étude et mémoriser l'intégralité des chants bouddhiques. Après avoir suivi ce cursus rigoureux, l'Australien fut ordonné. La cérémonie était à peine achevée qu'il lança à l'abbé :

« Maintenant que je suis moine, vous pouvez me dire quelle est cette musique divine ! »

L'abbé lui sourit.

« Venez à minuit dans ma cellule et vous verrez. »

Le jeune homme était si impatient qu'il fut au rendez-vous avec une heure d'avance. Il avait attendu trois ans, tout sacrifié et suivi un rude apprentissage. Le grand moment était arrivé.

Quelques minutes avant minuit, l'abbé prit un vieux trousseau de clés dans son bureau et tira un rideau dissimulant une porte, qu'il ouvrit avec une clé en bois. Aux grincements du battant, l'Australien comprit qu'elle n'avait pas été ouverte depuis des années, voire des décennies. Elle donnait sur un couloir, avec au bout une porte en fer. Quelque part dans le bâtiment, une pendule sonna douze coups. L'abbé choisit une clé en fer pour ouvrir cette deuxième porte, qui était très lourde. Dès qu'ils l'eurent franchie, les notes célestes se firent entendre, d'autant plus cristallines et suaves qu'ils s'en rapprochaient. L'Australien se sentit submergé de joie. Rien de ce qu'il connaissait ne pouvait se comparer à cela. Devant une troisième porte, l'abbé sortit une clé en argent, car la porte était en argent massif extrait des montagnes. En Australie, elle aurait valu une fortune mais on ne s'attache pas à ces détails lorsqu'on est envahi par un air d'une beauté indicible. Après cette porte, il aperçut ce qui était à l'évidence la dernière, épaisse d'une vingtaine de centimètres, en or pur orné de pierres précieuses d'une valeur inestimable. L'abbé saisit une grosse clé en or, se tourna vers lui et lui dit avec une gravité qui exigeait une réponse mûrement réfléchie :

« Êtes-vous certain de vouloir continuer ? C'est une expérience surnaturelle. Après, vous ne serez plus le même. Êtes-vous prêt ? »

L'Australien était à la fois excité et terrifié. Jamais il n'avait pris une décision aussi lourde de conséquences. La vision de ce qui se trouvait derrière la porte en or pouvait le rendre fou, mais ne pas le voir le rendrait fou de toute façon. Il répondit :

« D'accord. Allons-y. »

L'abbé inséra la clé dans la serrure. En le regardant la tourner lentement et pousser le lourd battant, l'Australien se mit à trembler.

Et soudain… Oh Seigneur… C'était trop pour un simple mortel ! Il était passé dans une autre dimension, qui transcendait toutes les représentations.

Qu'est-ce que c'était ?

Désolé, je n'ai pas le droit de vous le dévoiler : vous n'êtes pas moine !

43
Mon voyage dans l'Himalaya

La première fois que j'ai vu le massif de l'Himalaya, c'était en photo, quand j'étais écolier à Londres. J'avais été tellement impressionné par son immensité et sa beauté que je m'étais promis d'y aller.

L'été de l'année 1973, à la fin de mes études universitaires, je suis monté dans le train à la gare Victoria pour me rendre dans l'Himalaya. Deux semaines plus tard, j'étais en Inde et la pluie tombait sans discontinuer. Si je m'étais renseigné avant d'organiser mon voyage, j'aurais appris que c'était la période de la mousson. Même en remontant jusqu'au Népal, je n'ai vu que des nuages, et jamais les montagnes. J'ai vite renoncé à tout espoir d'entrevoir le toit du monde. Heureusement pour moi, cette contrée si dépaysante avait bien d'autres attraits.

À Katmandou, un couple d'Américains m'a indiqué qu'une camionnette transportant le courrier jusqu'à la frontière tibétaine prenait des voyageurs moyennant quelques roupies. Intéressé par cette expédition, j'ai pris place le lendemain matin à bord du véhicule du service postal, en route vers le nord.

Vers 13 heures, le chauffeur s'est arrêté pour déjeuner dans un petit village de montagne. Les Américains m'ont proposé de gravir la colline toute proche le temps qu'il prenne son repas. Un quart d'heure plus tard, alors que nous touchions au but, les nuages qui bouchaient le ciel se sont dispersés et j'ai pu admirer pour la première fois l'immense chaîne de l'Himalaya dans une atmosphère nettoyée par la pluie. La vue m'a coupé le souffle bien plus que l'ascension de la colline.

J'ai voulu la photographier et me suis aperçu que j'avais oublié mon appareil dans la voiture. J'ai dévalé la pente en courant, attrapé l'appareil et remonté la côte aussi vite que possible. Quelques secondes à peine avant que j'atteigne le sommet, le couvercle nuageux s'est reformé… et je n'ai plus revu le massif de tout mon séjour. Mes deux compagnons, qui s'étaient contentés de s'asseoir et de profiter du panorama, se sont tournés vers moi pour me demander où j'étais passé et ont enfoncé le clou en me décrivant avec force détails la vision extraordinaire que j'avais manquée.

Je me suis senti tellement bête. L'aller-retour pour récupérer mon appareil m'avait coûté une expérience unique. J'ai compris ce jour-là que, si l'on cherche à capturer un instant, visuellement ou par écrit, le plus souvent, il nous échappe.

À l'image de l'Himalaya, les moments magiques de l'existence sont faits pour être vécus et non pour être figés sur la pellicule. Puisqu'ils sont inoubliables, à quoi bon les photographier ?

44
Celui qui vous observe

Dans les temps reculés, un seul maître inculquait à un groupe d'élèves tout ce qu'ils devaient connaître de la vie. L'un de ces érudits avait en charge une douzaine de disciples qui allaient bientôt obtenir leur diplôme. Il était par ailleurs l'heureux père d'une demoiselle que tous trouvaient fort séduisante.

Il leur annonça un jour qu'il avait deux problèmes à régler. D'abord, il devait marier sa fille. Selon la coutume en usage à l'époque, il était censé l'unir à l'un de ses étudiants mais il n'arrivait pas à déterminer lequel d'entre eux ferait le meilleur époux.

Ensuite, en tant que père de la mariée, il lui revenait de financer la cérémonie nuptiale et d'installer le jeune couple dans une maison neuve entièrement équipée, ce qui représentait une importante dépense.

Pour résoudre ces deux difficultés, il avait décidé de leur lancer un défi : ils devraient se rendre en secret dans le village au milieu de la nuit, voler tout ce qu'ils pouvaient sans se faire repérer et lui rapporter leurs prises. Celui qui amasserait le plus gros butin tout en suivant ses instructions gagnerait la main de sa fille. En outre, le jeune couple recevrait en cadeau l'intégralité des biens dérobés.

Ses élèves furent choqués qu'il les incite à cambrioler, d'autant qu'il avait toujours fait preuve d'une grande intégrité morale. Néanmoins, le vœu d'allégeance au maître était alors si puissant qu'ils acceptèrent sa gageure – à moins qu'ils aient tout simplement été aveuglés par leur désir pour la jeune fille...

Pendant une semaine, les petits malins s'introduisirent dans les maisons, firent main basse sur un maximum d'objets et les apportèrent à leur professeur, qui nota scrupuleusement ce que chacun avait pris et où. Étrangement, aucun ne se fit attraper la main dans le sac.

Les sept jours écoulés, le maître les réunit pour leur annoncer le résultat.

« Vous avez subtilisé tant de choses qu'il y a largement de quoi permettre à un couple de démarrer dans la vie. Tous, à l'exception de l'un de vous, qui est revenu les mains vides. Pourquoi ? »

Un jeune homme se leva et répondit timidement :

« Maître, je me suis appliqué à suivre vos directives.

— Que veux-tu dire ? N'avais-je pas recommandé de voler des objets et de me les remettre ?

— Si, mais vous nous avez donné pour consigne d'agir à condition que personne ne nous voie. J'ai pénétré dans de nombreux logis à 2 heures du matin pendant que tout le monde ronflait, mais, chaque fois que je m'apprêtais à embarquer quelque chose, je remarquais que quelqu'un me regardait – et je repartais sans rien.

— Qui te regardait ?

— Moi, maître. Je m'observais sur le point de piquer. C'est pourquoi je suis bredouille.

— Très bien ! Très bien ! s'écria le professeur, enchanté. J'ai eu au moins un élève intelligent qui m'a écouté toutes ces années. Quant aux autres, bande de cornichons, allez restituer vos larcins à leurs propriétaires. Ils ne vous poursuivront pas, je les ai informés de mon projet il y a deux semaines, et ils vous attendaient. Voilà pourquoi aucun de vous ne s'est fait pincer. Et rappelez-vous que si vous commettez un acte immoral, quel qu'il soit, il y aura toujours quelqu'un qui vous verra. Ce quelqu'un, c'est vous-même. En ayant été témoin, vous vous sentirez coupables et vous en souffrirez. »

En toute logique, l'étudiant brillant épousa la jolie fille. Le professeur était assez riche pour leur offrir un beau mariage et une maison de rêve entièrement meublée. Et, parce que le jeune homme était véritablement un sage, ils vécurent heureux.

45
Comment un étudiant apprit à se moquer des insultes

L'histoire précédente se déroulait en Inde il y a fort longtemps. Celle-ci vient de la Grèce antique, où la méthode pédagogique était similaire : un seul maître apprenait toutes les matières à ses élèves.

Parmi ces enseignants, il y en avait un qui était très colérique. À la moindre erreur, il gourmandait vertement le fautif. Non seulement il le traitait de tous les noms, mais il lui faisait payer ce privilège, car être sermonné était considéré comme une forme d'instruction et justifiait que le professeur touche des honoraires supplémentaires.

Après l'obtention de son diplôme, un de ses disciples se fit embaucher à Athènes. Chaque fois que son supérieur ou un employé lui parlait méchamment, il riait aux éclats.

En ce temps-là, l'une des pires injures provenait du Moyen-Orient : « Que les puces de mille chameaux infestent tes aisselles ! »

Même celle-là le mettait en joie. Les insultes, quelles qu'elles soient, ne l'atteignaient pas. Ses amis et connaissances se demandaient s'il ne lui manquait pas une case.

Pourtant, il semblait par ailleurs parfaitement sain d'esprit. Ils l'interrogèrent : pourquoi gloussait-il systématiquement quand il se faisait rabrouer ?

« À l'école, répondit-il, lorsqu'on me faisait une remarque désagréable, cela me coûtait de l'argent. Maintenant, je l'ai pour pas un sou et je m'en réjouis. »

Peut-être devrions-nous faire payer les enfants que nous devons gronder parce qu'ils ne rangent pas leur chambre ou oublient de faire leurs devoirs. Plus tard, le jour où leur conjoint(e) leur fera des reproches ou que leur patron(ne) leur passera un savon, ils ne se formaliseront pas et en riront, comme cet étudiant de l'Antiquité.

46
Apprendre auprès des experts

Du temps où je vivais à Cambridge, des amis chrétiens m'annoncèrent leur intention de devenir bénévoles auprès de handicapés mentaux. Je décidai de les imiter, en ma qualité de bouddhiste, pour ne pas être en reste, comme on dit. Ma seule motivation était donc une sorte de « fierté » religieuse.

Tous les jeudis après-midi, nous prenions le bus qui nous conduisait à Fulbourn pour seconder le personnel du service d'ergothérapie, en charge des trisomiques. Mes amis cessèrent cette activité au bout de quelques semaines. Quant à moi, j'ai tenu deux ans. Même si mes études de physique remplissaient l'essentiel de mon temps libre (après mes nombreuses sorties, qui étaient évidemment prioritaires), je n'ai jamais manqué un rendez-vous avec ces patients atteints du syndrome de Down. J'étais toujours content de leur consacrer une demi-journée par semaine.

J'étais particulièrement étonné par leur intelligence émotionnelle. Si j'arrivais fatigué de ma soirée de la veille ou déprimé, ils le sentaient immédiatement, me serraient dans leurs bras et me souriaient avec une sincérité qui me faisait fondre. Leur cœur, contrairement au mien, était ouvert et innocent.

Pour moi qui étais hétérosexuel, c'était assez gênant d'être enlacé affectueusement devant tout le monde par un homme – nous étions au début des années 1970 ! Mais la joie candide qui se lisait sur leur visage quand ils m'étreignaient m'aidait à me détendre et à l'accepter. Grâce à ces êtres qui avaient une compréhension si fine de ce qui avait trait à l'affectivité, la vie était facile dans cet hôpital. Cela n'avait rien à voir avec la fac, où je côtoyais des spécialistes en tout qui étaient par contre totalement ignares sur le plan des sentiments.

Après deux années de présence hebdomadaire, j'avais acquis une certaine expérience. Un jeudi, la chef de service me confia la responsabilité d'un groupe en début d'après-midi, et d'un autre dans la foulée. Je ne me suis douté de rien. Mes camarades trisomiques savaient garder les secrets.

Alors que je m'apprêtais à rentrer chez moi, les permanents de l'équipe m'invitèrent à entrer dans la grande salle. Tous les patients étaient réunis, le visage fendu d'un large sourire, avec le personnel au grand complet. Ils avaient préparé un pot en mon honneur car j'étais le bénévole qui était resté le plus longtemps avec eux.

Tandis que je m'occupais du premier groupe, le second avait, assisté par les employés, confectionné des présents qu'ils allaient me remettre.

Ce n'étaient pas des cadeaux raffinés que l'on aurait pu acheter dans une boutique, mais ils m'émurent aux larmes. J'avais appris de mes « professeurs » trisomiques à pleurer en public. Ce fut un moment inoubliable. La responsable m'expliqua qu'elle avait organisé cette petite cérémonie parce que mes examens de fin d'année allaient débuter et que c'était mon dernier jour parmi eux. Entre deux sanglots, je lui répondis qu'en réalité, mes examens n'auraient lieu que dix jours plus tard et lui demandai si je pouvais revenir la semaine suivante. Elle m'accorda généreusement une séance supplémentaire.

Rétrospectivement, je me dis que ces malades m'ont transmis l'essentiel de ce qu'on appelle « l'intelligence émotionnelle ». Aujourd'hui encore, je les considère comme des experts et mes maîtres en la matière.

47
Donner permet de surmonter la dépression

Les personnes qui s'engagent en tant que bénévoles dans des associations le font généralement dans le but de restituer quelque chose à la société. Pourtant, au bout du compte, elles constatent souvent qu'elles ont reçu plus qu'elles n'ont donné. Cette expérience leur apprend que s'impliquer pour une bonne cause, loin d'être une charge, est au contraire un investissement toujours rentable.

Je recommande aux gens qui souffrent de dépression de se mettre en rapport avec une maison de retraite, un hôpital ou une organisation caritative et d'y passer du temps bénévolement. Donner ajoute du sens à la vie. Ils puiseront dans cette activité ce qui leur manque : le sentiment d'être utile.

En rendant service, on se nourrit affectivement, comme ce fut mon cas lorsque je m'occupais de mes amis trisomiques. On reçoit du réconfort de ceux que l'on croit réconforter. On en retire une meilleure estime de soi, on est mieux dans sa peau, dans sa vie, et la neurasthénie disparaît.

Et, comme le prouve l'histoire qui suit, parfois même, on s'enrichit.

À la suite de son divorce, un ami avait dû emménager dans un appartement trop petit pour qu'il puisse garder son chien. Il réussit à lui trouver un nouveau foyer chez une vieille dame qui en possédait déjà un de la même race.

Elle l'appela un jour à son bureau pour savoir s'il accepterait de venir la prendre en voiture chez elle, en banlieue, pour la conduire au cabinet de son médecin en ville. Elle était très embêtée car elle ne disposait d'aucun moyen de locomotion.

Il était alors le gérant et unique employé d'une agence de publicité qui s'en sortait tout juste. Mais, étant son propre patron, il put se libérer pour l'accompagner. Par la suite, il assura régulièrement pour elle ce service de taxi privé. Jamais il ne refusa de l'emmener chez le dentiste ou ailleurs ; cela lui faisait plaisir et le reposait de son travail accaparant.

Un matin, elle le contacta car elle avait un rendez-vous important chez le notaire. Pouvait-il venir la chercher ? Il accepta, comme d'habitude, et la déposa devant l'étude. Elle lui demanda poliment s'il avait le temps de l'escorter à l'intérieur, ce qu'il fit bien volontiers. Et là, en présence du notaire, elle le désigna à sa grande surprise comme unique héritier de son patrimoine, qui était substantiel. Elle décéda peu après.

Il n'en revenait pas de la chance qu'il avait eue alors qu'il avait simplement été gentil. En outre, il aimait bien lui rendre service. La dernière chose à laquelle il s'attendait était de recevoir un legs aussi conséquent. C'est pourtant ce qui se produit quand on fait don de son temps pour venir en aide à autrui : on en retire au minimum une satisfaction personnelle – à laquelle s'ajoutent de temps à autre des bonus inattendus !

48
Le trou profond

Un homme qui se promenait dans la forêt aperçut un trou. Il s'arrêta pour regarder ce qu'il y avait dedans et vit qu'il contenait un gros sac d'or. Il tendit le bras pour le saisir, mais la cavité était trop profonde. Même en s'étirant au maximum, il ne pouvait pas l'atteindre. Il renonça.

Il reprit sa marche et croisa un autre promeneur, à qui il parla du sac d'or dans le trou trop profond pour qu'on puisse l'attraper. Le second homme ramassa une petite branche crochue, se pencha au-dessus du trou et souleva le sac.

Le problème n'était pas la profondeur du trou, mais le fait que le bras du premier homme était trop court. En rallongeant le sien avec un bâton, le second avait aisément récupéré le trésor.

Le bonheur n'est jamais inaccessible. Il faut simplement être plus sage et plus compatissant.

À partir de là, tout est à notre portée.

49
Quand a-t-on le droit de mentir ?

Une vieille dame de confession bouddhiste m'appela un soir, bouleversée. Elle me raconta qu'en fin de journée, elle avait menti à son époux pour la première fois depuis qu'ils s'étaient mariés, quarante ans auparavant, et qu'elle s'en voulait beaucoup.

Don, son mari, venait d'avoir un infarctus. Il en avait réchappé mais devait subir un pontage dans les plus brefs délais. On l'avait gardé à l'hôpital le temps qu'il reprenne suffisamment de forces pour supporter l'intervention.

Il partageait sa chambre avec trois autres malades atteints de la même affection que lui. Il s'était lié d'amitié avec Jack, l'occupant du lit voisin. Lorsque sa femme était venue le voir dans l'après-midi, il lui avait demandé des nouvelles de Jack, qui avait été opéré le matin.

« Il va bien, lui avait-elle répondu. Il se remet dans le service des soins intensifs. »

La réalité était tout autre : elle avait croisé à l'accueil les proches de Jack éplorés car il venait de décéder. Elle n'avait pas eu le courage de l'annoncer à Don, qui devait passer sur le billard le lendemain pour le même motif. Elle lui avait menti.

Don passa trois jours entre la vie et la mort et s'en tira de justesse. Je me dis souvent que si sa femme lui avait dit la vérité, le stress supplémentaire que cette annonce aurait provoqué chez lui aurait probablement suffi à l'emporter. Ce mensonge l'avait sauvé.

En vertu de quoi j'enseigne à mes disciples qu'on peut mentir de temps à autre, mais pas plus d'une fois tous les quarante ans !

50
Pourquoi nous mentons

« Avez-vous conscience, déclara le juge à l'accusé au cours de son procès pour homicide, que le délit de parjure est passible d'une lourde peine ?

— Oui, répliqua le prévenu, mais beaucoup moins que pour un meurtre ! »

Voilà pourquoi les gens mentent si fréquemment : la punition est généralement plus légère lorsqu'on ment que lorsqu'on dit la vérité.

Cela me rappelle une jeune fille qui était venue me voir parce qu'elle était enceinte.

« Pourquoi n'en parles-tu pas à tes parents ? lui avais-je demandé.

— Vous plaisantez ? m'avait-elle répondu. Ils me tueraient ! »

Elle avait préféré leur mentir.

Notre monde serait bien plus agréable et sain si l'honnêteté était valorisée au point que le châtiment serait toujours moins sévère si l'on disait la vérité que si l'on mentait.

Ainsi, sachant qu'ils ne seraient ni réprimandés ni corrigés, mais au contraire épaulés, les enfants pourraient confesser leurs pires bêtises à leurs parents. Généralement, ils ont trop peur pour oser se livrer et solliciter leur aide, alors que c'est justement en cas de gros pépins qu'ils ont le plus besoin d'eux. De même, si maris et femmes se parlaient avec franchise, ils régleraient leurs difficultés conjugales ensemble au lieu de les dissimuler.

Je vous encourage donc, si vous avez des enfants, à leur garantir que quoi qu'ils fassent, à condition qu'ils soient sincères, vous ne les punirez pas, vous ne leur ferez pas la leçon et qu'ils pourront compter sur votre soutien et votre compréhension.

Si vous vivez en couple, promettez-vous de considérer l'honnêteté comme l'atout le plus précieux de votre relation, de ne pas exercer de représailles même en cas d'infidélité, de vous pardonner vos faiblesses et de vous engager à unir vos forces pour que vos problèmes ne se reproduisent plus.

Une fois que vous vous serez fait ce serment, respectez-le.

S'il y a punition, ou simplement remontrance, on dissimule la vérité.

Voilà pourquoi la religion bouddhiste ne prône pas le châtiment.

En Afrique du Sud, après la fin du régime de l'apartheid, il a fallu le courage moral et la sagesse du dirigeant Nelson Mandela et de l'archevêque Desmond Tutu pour que soit créée une Commission de la vérité et de la réconciliation. Tous deux avaient compris qu'il était plus important de faire la lumière sur les événements de ces années terribles que de réprimer.

Lors d'une séance de cette Commission, il s'est produit un incident qui me paraît aujourd'hui encore édifiant : un officier de police blanc a avoué, sans omettre le moindre détail et en présence de sa veuve, qu'il avait torturé à mort un militant politique noir, l'un des nombreux activistes dont on était sans nouvelles.

Pour la première fois, cette femme apprenait ce qu'avait subi l'homme qu'elle avait aimé plus que tout et qui était aussi le père de ses enfants.

Submergé par la culpabilité, le policier, en pleurs et tremblant, est allé au bout de son témoignage. À la fin de sa déposition, la femme a enjambé la barrière qui avait été installée pour protéger les témoins et s'est ruée sur lui. Pris par surprise, les gardes n'ont pas eu le temps de s'interposer.

Le policier s'attendait à ce que l'épouse meurtrie laisse libre cours à sa colère et cherche à se venger ; il l'aurait compris. Mais, au lieu d'agresser le meurtrier de son mari, la femme l'a pris dans ses bras et lui a dit : « Je vous pardonne. » Ils sont restés un moment enlacés, symboles de la réconciliation.

Tous les témoins de la scène ont fondu en larmes. Ce pardon de l'impardonnable projetait une lueur d'espoir : au-delà de leur émotion, ils ont entrevu la possibilité d'une paix raciale et la fin de la terreur dans leur pays.

S'il est possible d'accorder son pardon à celui qui a martyrisé et assassiné l'être que l'on aimait, existe-t-il d'autres crimes qu'on ne puisse absoudre ?

Il ne peut y avoir vérité que s'il y a pardon.

51
L'esprit des singes

Un singe se promenait dans un monastère bouddhiste où se déroulait une fête religieuse, convaincu que parmi tous ces visiteurs chargés d'offrandes, il s'en trouverait bien un qui ferait tomber une mangue ou oublierait une pomme dans un coin, et qu'il en ferait son repas.

Devant la salle de cérémonie, il entendit un vieux moine faire un sermon sur « l'esprit des singes ». Se sentant concerné au premier chef, il tendit l'oreille.

« Les singes ont l'esprit perpétuellement en éveil, qui passe en permanence d'une idée à l'autre, un peu comme ils sautent de branche en branche dans la jungle. C'est un esprit mauvais. Pour qu'il soit en paix, il doit être canalisé par la pratique de la méditation. »

Entendre qualifier son esprit de « mauvais » irrita beaucoup le primate. « Que veut-il dire par là ? Ces humains nous bafouent ! Quelle injustice ! Cette calomnie honteuse ne restera pas sans réponse. » Il s'élança d'arbre en arbre jusqu'à son repaire au fond des bois et se désola auprès de ses amis.

Le groupe de singes se mit aussitôt à bondir en poussant les hauts cris.

« On ne se laissera pas injurier ! C'est de la discrimination interespèce. Comment osent-ils ? Allons consulter un avocat du WWF. Les singes ont aussi des droits à faire respecter !

— Taisez-vous ! ordonna le mâle dominant. Vous ne voyez donc pas que le bonze avait raison ? Regardez-vous trépigner en faisant un vacarme d'enfer ! Tout ça à cause de votre esprit. Vous êtes incapables de rester calmes. »

Ils reconnurent qu'il avait raison. Leur esprit était une malédiction. Jamais ils n'atteindraient la sérénité. Ils baissèrent la tête, penauds, et ruminèrent en silence.

« Hé ! s'écria celui qui rentrait du temple. J'ai une idée. D'après le moine que j'ai entendu, on peut aider les singes à ne plus se disperser et atteindre la quiétude grâce à la méditation. »

Ses camarades, enthousiastes, recommencèrent à sautiller et à lancer des vivats.

« Ouais ! Génial ! Allez, on médite ! C'est parti pour la paix intérieure. »

Au bout d'un moment, l'un d'eux demanda :

« Au fait, on s'y prend comment pour méditer ?

— D'abord, il faut un coussin sur lequel s'asseoir, répondit son voisin.

— Ouais ! Génial ! Allons chercher des coussins ! »

Après quelques cris et gambades, ils s'enfoncèrent dans les bois et ramassèrent une grande quantité d'herbe et de feuilles, qu'ils façonnèrent en forme de *zafu* – nom que les bouddhistes donnent au coussin de méditation.

« Et maintenant, qu'est-ce qu'on fait ?

— On s'assied dessus, expliqua le singe qui était allé au temple. On croise les pattes en posant la droite sur la gauche et on joint les pouces de sorte qu'ils se touchent à peine. On se tient bien droit, les yeux fermés, et on se concentre sur son souffle. »

Pour la première fois dans l'histoire, des singes méditaient. La forêt n'avait jamais été aussi silencieuse. Ce fut malheureusement de courte durée.

« Excusez-moi ! Excusez-moi ! s'écria l'un d'eux. (Les autres ouvrirent les paupières.) Vous vous rappelez qu'on avait prévu une razzia dans la bananeraie pour le déjeuner ? J'arrête pas d'y penser. On pourrait aller se servir, histoire de régler le problème, et méditer après.

— Ouais ! Génial ! Bonne idée ! » approuvèrent les autres en faisant des bonds avant de filer vers la plantation.

Ils volèrent des dizaines de bananes et les entassèrent. L'opération terminée, ils se juchèrent sur leurs coussins, croisèrent les pattes en plaçant consciencieusement la droite sur la gauche, redressèrent le dos, les yeux clos, et reprirent leur méditation.

Deux minutes plus tard, une femelle leva la main.

« Excusez-moi ! Excusez-moi ! Je réfléchissais. Quand on mange une banane, on doit la peler. Si on se débarrassait de ça ? Ensuite, j'aurai l'esprit libre pour méditer.

— Ouais ! Génial ! On se disait la même chose ! » s'exclamèrent les autres.

Ils pelèrent leurs bananes sans cesser de s'égosiller et de sauter sur place.

Cette tâche accomplie, ils revinrent à leurs coussins, s'assirent, croisèrent les pattes, la droite sur la gauche, se redressèrent, fermèrent les yeux et suivirent le flux naturel de leur respiration.

« Au fait ! Au fait ! brailla l'un d'eux après moins d'une minute. Moi aussi, je songe à quelque chose. Avant de manger sa banane, il faut la mettre dans la bouche. Faisons-le tout de suite et on pourra méditer tranquillement.

— Ouais ! Génial ! Super idée ! »

Après avoir caracolé et piaillé, ils enfournèrent leur banane. Certains en mirent deux, un alla jusqu'à trois. (Les singes ne sont pas si différents des humains.) Pour autant, ils ne les mangèrent pas : ils voulaient simplement s'acquitter de cette corvée pour ne plus l'avoir en tête et méditer.

Ils s'installèrent sur leurs coussins, la patte droite sur la gauche, le dos bien droit, et poursuivirent leur méditation, une banane dans la bouche.

Évidemment, à peine eurent-ils fermé les paupières que les bananes furent englouties. Sur ce, ils se relevèrent et s'en allèrent. Ainsi s'acheva leur seule et unique séance de méditation.

Vous savez maintenant pourquoi nous, les humains, avons tant de mal à atteindre la paix intérieure. Nous possédons presque tous un esprit de singe, qui pense :

« Je me débarrasse de cette tâche et puis je me repose. »

C'est pourquoi les seuls lieux où l'on rencontre de nos jours des gens qui « reposent en paix » sont les cimetières – et les monastères bouddhistes, cela va sans dire !

52
Lâchez la banane

Autrefois, capturer un singe était d'une grande simplicité : le chasseur allait dans la forêt et cueillait une noix de coco mûre, dans laquelle il découpait un trou pas plus large que le poing d'un singe. Il buvait le lait sucré et grignotait un peu de chair tendre. Son repas terminé, il attachait solidement la noix à un tronc d'arbre avec une corde ou une lanière de cuir, mettait une banane dans le trou et rentrait chez lui.

Immanquablement, un singe tombait sur la noix de coco et cherchait à s'emparer de son contenu. Mais l'ouverture était juste assez grande pour son poing vide. Avec la banane, il ne passait plus.

Au retour du chasseur, le primate s'escrimait depuis des heures à extraire la banane. Même en voyant l'homme s'avancer vers lui, il s'escrimait à sortir le poing sans lâcher sa prise.

Pourtant, il lui suffisait de la laisser tomber ! C'était la seule condition pour qu'il puisse se libérer et s'enfuir.

Le faisait-il ?

Non, évidemment, parce que les singes pensent : « C'est *ma* banane. Je l'ai trouvée, donc elle m'appartient ! »

Alors ils se faisaient coincer systématiquement.

Les humains se font prendre de la même façon.

Supposons que vous votre fils ou votre fille, désormais adulte, vienne de quitter le domicile familial. Son départ vous plonge certainement dans un abîme de désarroi. Vous pensez à votre enfant en permanence, n'arrivez pas à dormir, ne pouvez plus travailler. Pourquoi ?

Tout ce que vous devez faire, c'est « lâcher la banane » pour continuer à vivre sans trop souffrir.

Mais vous ne pouvez pas.

Les jeunes mères me confient que, lorsqu'elles regardent leur nouveau-né dans les yeux, elles comprennent instinctivement qu'il n'est pas uniquement le fruit de ses parents, mais un être doté d'un passé et d'une personnalité propre, un visiteur venu d'un autre monde qui fait irruption dans leur vie. Ils ont le devoir de s'occuper de lui, de le nourrir, de l'aimer… mais pas de le posséder.

Malheureusement, avec les années, ils ont tendance à l'oublier et se comportent comme si leur enfant leur appartenait. Si bien que quand vient l'heure de le laisser partir, ils en sont incapables. S'ils gardaient en mémoire qu'on ne possède personne, pas même son enfant, ils ne se feraient pas attraper comme un singe et ne souffriraient pas.

Aimer quelqu'un signifie qu'un jour, on devra le laisser partir.

53
Maman, je m'en vais de la maison

On a généralement peur de laisser partir les gens car on est persuadé qu'ils ne reviendront pas, alors que c'est souvent l'inverse qui se produit.

Si l'on enferme un oiseau dans une cage, le jour où, par étourderie, on oublie de fermer la porte, il s'échappe à tout jamais.

Si, au contraire, on laisse la porte ouverte en s'assurant que la cage est bien entretenue et la mangeoire toujours pleine, l'oiseau s'envolera mais reviendra.

Une jeune Australienne bouddhiste m'a raconté qu'un jour, son fils de six ans s'était mis en rage et lui avait déclaré avec le plus grand sérieux :

« Maman, je ne t'aime plus. Je m'en vais d'ici !

— D'accord, chéri, avait-elle répondu. Tu veux un coup de main pour faire tes bagages ? »

Elle l'avait suivi dans sa chambre et avait rempli avec lui sa petite valise. Ils y avaient déposé tous les objets auxquels il tenait : son ours en peluche, son pantalon préféré, son costume de Spiderman... Elle était allée dans la cuisine, lui avait préparé ses sandwiches favoris et les avait emballés dans un sac en papier pour qu'il ne parte pas sans provisions.

Depuis la porte d'entrée, elle lui avait fait de grands gestes de la main.

« Au revoir, mon cœur ! N'oublie pas de donner de tes nouvelles ! »

Sa valise dans une main, ses sandwiches dans l'autre, le petit garçon avait descendu l'allée du jardin, ouvert le portail, tourné à gauche et était parti découvrir ce que l'avenir lui réservait.

Il n'avait pas parcouru cinquante mètres que son foyer lui manquait déjà. Il avait fait demi-tour, couru jusqu'au portail et s'était précipité dans les bras grands ouverts de sa mère, qui était restée sur le seuil.

Cette maman d'une grande sagesse savait que son fiston ne s'éloignerait pas d'une maison où on l'aimait.

J'ai narré cette anecdote à une psychologue de Singapour et elle l'a beaucoup fait rire. Quand elle a repris son sérieux, elle m'a expliqué qu'elle avait vécu pratiquement la même expérience dans son enfance. À l'âge de six ans, elle s'était disputée avec sa mère et lui avait annoncé d'un ton catégorique qu'elle voulait partir. Sa mère avait aussitôt accepté et l'avait aidée à emballer ses affaires. Elle n'avait pas préparé de casse-croûte, mais lui avait donné un billet de dix dollars pour qu'elle achète de quoi déjeuner, puis l'avait accompagnée à l'ascenseur (car elles vivaient dans un immeuble). La fillette était entrée dedans et la mère lui avait dit au revoir pendant que les portes se refermaient.

Pour sa part, elle n'avait pas attendu d'être dans la rue : le temps d'arriver au rez-de-chaussée, elle regrettait déjà sa maman et sa maison. Elle avait aussitôt appuyé sur le bouton de son étage et à l'ouverture des portes, sa mère était là, qui l'attendait.

« Bienvenue, ma chérie ! »

Si les liens de l'amour sont solides, on peut laisser partir l'autre en étant sûr qu'il reviendra.

54
Par-delà l'horizon

À l'époque où les transports aériens n'étaient pas fiables, les liaisons intercontinentales étaient assurées par d'immenses paquebots. Juste avant l'appareillage, les passagers s'alignaient le long des bastingages au-dessus du quai où se pressait une foule. Au coup de sirène annonçant le départ, tout le monde agitait les bras et s'envoyait des baisers tandis que le navire quittait lentement l'embarcadère. Très vite, il était trop loin pour que les amis et les parents puissent distinguer leurs proches, mais ils continuaient à faire de grands gestes et à scruter le large. Quelques minutes plus tard, ils fixaient encore le paquebot qui rapetissait dans le lointain.

Il finissait par atteindre l'horizon et disparaître pour de bon. Ceux qui étaient restés à terre ne voyaient plus le voyageur qu'ils avaient accompagné, ne pouvaient ni lui parler ni le toucher, mais ils savaient qu'il ne s'était pas volatilisé : il avait simplement franchi la frontière entre le ciel et la mer. Ils savaient qu'ils le reverraient.

C'est un peu ce qui se produit quand on perd un être cher. Si nous avons la chance d'être à ses côtés, nous le prenons dans nos bras et lui disons adieu avant qu'il parte voguer sur l'océan de la mort. Nous ne le voyons plus, nous ne pouvons plus lui parler ni le toucher, mais nous savons qu'il n'a pas complètement disparu : il vient de traverser la ligne qui nous sépare de l'au-delà.

Nous nous reverrons.

55
Le buffle effrayé

Autrefois, dans les campagnes thaïlandaises, les buffles faisaient partie de la famille et vivaient sous les pilotis des maisons. La plupart du temps, ils étaient si dociles que les enfants pouvaient sans crainte dormir sur leur dos tandis qu'ils broutaient paresseusement pendant la saison chaude.

De temps à autre, pour une raison qu'il était seul à connaître, l'un d'eux prenait peur, redressait la tête en grondant et se mettait à foncer droit devant lui.

Très tôt un matin, un paysan emmena son buffle paître dans son champ. En passant devant notre monastère, l'animal aperçut dans la jungle quelque chose qui l'effraya, releva la tête et se mit à beugler. Le paysan tenta de le retenir en tirant sur la longe qu'il lui avait passée autour du cou, mais l'animal partit au galop. La longe s'enroula autour du doigt du paysan et lui sectionna une phalange.

Le pauvre homme se précipita aussitôt à notre porte pour demander du secours, la main couverte de sang et le doigt à moitié amputé. Nous le transportâmes à l'hôpital pour qu'il se fasse recoudre. La plaie guérit rapidement.

Je cite régulièrement ce fait divers malencontreux pour illustrer ce qui se produit quand on ne veut rien lâcher.

Qui est le plus fort : l'homme ou le buffle ?

Il est inutile de chercher à retenir un buffle qui charge. Mieux vaut le laisser partir. Il courra tout au plus quelques centaines de mètres et s'arrêtera de lui-même. On pourra alors le rattraper tranquillement, ramasser la longe et le conduire au champ.

Les gens veulent trop souvent retenir ce qu'ils devraient laisser aller – et y laissent beaucoup de doigts.

56
La Harley qui avait disparu

Patrick fut l'un des premiers résidents de mon monastère. C'était un homme d'une grande spiritualité, sans famille et sans domicile, qui se déplaçait de monastère en communauté, de temple en temple. C'est ainsi qu'il avait rejoint notre congrégation peu après sa fondation et qu'il avait participé avec nous aux éprouvants chantiers de construction des premiers bâtiments.

Il ne possédait ni maison ni économies. Son unique bien de valeur était une splendide Harley Davidson à laquelle il tenait beaucoup car elle lui permettait de sillonner l'Australie, libre de toute contrainte ou attache personnelle.

Il m'a écrit pour me raconter l'aventure qui lui était arrivée dans une galerie marchande de Sydney. Après avoir garé son engin dans le parking à étages, il avait fait quelques achats puis était venu le récupérer. À sa stupéfaction, la place était vide. On lui avait volé sa moto !

Cette précieuse machine était sa seule richesse. Il avait mis de l'argent de côté pendant très longtemps pour se l'offrir. Avec elle, il avait bourlingué partout où il en avait envie. Et voilà qu'un voyou la lui avait dérobée ! Il ne lui restait plus rien.

La pensée bouddhiste lui était suffisamment familière pour qu'il sache quel sens accorder à l'attachement. Il se souvint de la phrase du Bouddha :

Tout ce qui est mien, que j'aime et qui m'est cher
un jour me sera repris.

Fort de cet aphorisme, il accepta plus facilement la perte et se fit le raisonnement suivant : « Nous devons tôt ou tard renoncer à tout. Il est inutile que je me lamente de ce contre quoi je ne peux rien. J'ai eu un immense plaisir à voyager avec ma Harley dans ce vaste pays et j'espère qu'elle en procurera autant à son nouveau propriétaire. »

Il se réjouit que le voleur ne l'ait délesté que de sa moto et pas de sa sérénité. Il venait de surmonter une difficile épreuve de « lâcher-prise ».

Alors qu'il s'éloignait pour prendre un moyen de transport collectif, satisfait d'avoir relevé ce défi spirituel, il se rendit compte tout à coup qu'il n'était pas au bon étage du parking.

Il descendit une volée de marches et trouva la Harley à sa place, qui l'attendait, pour ainsi dire en souriant. Non seulement il avait réussi l'examen de lâcher-prise, mais il avait toujours sa moto ! C'était un joli coup double.

Bien joué, Patrick.

57
Sur le rebord

Un peintre célèbre fut victime d'un grave accident de moto. Lorsqu'il reprit connaissance sur un lit d'hôpital, le chirurgien lui apprit qu'il avait été contraint de l'amputer d'une main – celle dont il se servait pour peindre. L'artiste fut anéanti. Il avait perdu la capacité de réaliser ce qu'il aimait le plus au monde, la seule activité qui donnait un sens à sa vie.

À sa sortie de l'hôpital, il se rendit dans un immeuble de bureaux au centre-ville, prit l'ascenseur jusqu'au dernier étage, entra dans une pièce vide et grimpa sur le rebord de la fenêtre. Il était déterminé à mettre fin à ses jours.

En baissant les yeux vers la rue, très loin en contrebas, il fut témoin d'un spectacle saisissant : un homme amputé des deux bras semblait danser de joie sur le trottoir !

« Mon Dieu, se dit-il. Je n'ai perdu qu'une main et lui qui n'en a aucune se trémousse ! Qu'est-ce qui me prend de vouloir me suicider ? »

Il décida de vivre, fit un pas en arrière et sortit du bureau.

« Il faut que je sache le secret de cet homme, pensait-il. Comment fait-il pour être heureux tout en étant manchot ? »

Il se rua vers l'ascenseur, descendit au rez-de-chaussée et courut dans la rue pour aller à la rencontre de l'homme sans bras (ce qui est assez facile à repérer).

« Merci ! Merci monsieur ! Vous venez de me sauver la vie. Je suis artiste peintre et un accident m'a privé de la main avec laquelle je peignais. J'étais tellement désespéré que je suis monté au sommet de cet immeuble dans l'intention de me supprimer. Depuis le rebord de la fenêtre, je vous ai vu vous dandiner dans la rue. Dites-moi : qu'est-ce qui vous rend si joyeux ? »

L'homme réfléchit un moment avant de répondre :

« En fait, je ne dansais pas. J'essayais simplement de me gratter le bas du dos. »

Comment faire autrement quand on est manchot et qu'on a des démangeaisons mal placées ?

58
L'étagère de ma mère

Deux ans après mon installation en Australie, je suis allé rendre visite à ma mère, à Londres. Pour l'occasion, un de mes disciples a gentiment fait don à son intention, en souvenir de ma patrie d'adoption, d'un kangourou en peluche.

Ce cadeau enchanta ma mère. Elle le posa en évidence sur une étagère de son salon, la pièce où elle passait le plus clair de son temps. Ainsi, elle penserait à moi après mon départ. De mon côté, j'étais ravi d'avoir trouvé un présent à son goût.

Je retournai à Londres quelques années plus tard. Pour tenir compagnie au kangourou, j'achetai un koala, qu'elle adopta aussitôt et installa près de l'autre marsupial.

Lors de mes voyages suivants, je vins avec un martin-chasseur géant, puis un ornithorynque. La tablette se couvrit de représentants de la faune océanienne.

Pour mon cinquième séjour, j'avais dans mes bagages un gros wombat très doux, qui lui plut également. Mais lorsqu'elle voulut l'ajouter au kangourou, au koala, au martin-chasseur et à l'ornithorynque, il n'y avait plus de place : l'étagère était pleine. Dès qu'elle tentait de les tasser, ils dégringolaient.

« Tu devrais donner les plus anciens, lui suggérai-je. Cela te ferait de la place pour les nouveaux.

— Pas question ! s'exclama-t-elle. J'y tiens beaucoup trop. »

Elle s'escrima plusieurs heures à les faire tenir sur le rayonnage.

C'est ce qu'on appelle le stress. Parfois, on ne peut plus tout emmagasiner dans son cerveau. On voudrait ajouter une pensée, et d'autres tombent, telles les peluches de ma mère. L'étagère est si encombrée qu'elle lâche. Dans le cas du cerveau, on parle de « dépression nerveuse ». Savoir ce qui provoque cette souffrance mentale permet de s'en préserver plus facilement.

Si ma mère avait donné ses vieilles peluches à un ami ou à une association de bienfaisance, elle aurait pu exposer les plus récentes et en aurait mieux profité car elles auraient été moins nombreuses à se disputer son attention.

Faites de votre esprit une étagère vide, avec suffisamment d'espace pour apprécier le cadeau qui se renouvelle en permanence : le présent.

59
Le châtiment du chat

Les règles de notre monastère sont strictes : pour devenir moine, il faut deux ans de formation rigoureuse – ce que j'appelle « le contrôle de qualité ». Dès la première année, les novices sont tenus de respecter l'interdiction d'ingérer des aliments solides entre midi et le lever du soleil le lendemain.

Un matin, l'un d'eux, un Anglais d'une vingtaine d'années, vint me voir et me déclara qu'il se sentait affreusement coupable à propos d'un acte qu'il avait commis la veille. Il n'en avait pas dormi de la nuit et voulait se confesser.

Le front baissé, trop honteux pour croiser mon regard, il m'avoua que, dans l'après-midi, il avait eu tellement faim qu'il s'était introduit en catimini dans la cuisine du monastère, s'était préparé un sandwich et l'avait mangé, enfreignant ainsi un précepte de base de son enseignement.

« Très bien », lui répondis-je.

Il releva la tête.

« C'est bien d'être honnête et de te confier à moi. Dorénavant, tâche de te servir plus copieusement à la collation de 11 heures. Si tu n'es pas rassasié, bois un jus de fruits ou une boisson au miel, qui sont autorisés. Il est également permis de croquer un peu de chocolat noir. Maintenant, tu peux repartir.

— Quoi ? Vous ne me punissez pas ?

— Non. Les monastères bouddhistes ne pratiquent pas les châtiments.

— Ça ne suffira pas, me répondit-il. Je me connais : si vous ne m'infligez pas une pénitence, je recommencerai, c'est certain. »

J'étais embarrassé. Que dire à quelqu'un qui est persuadé que seule la punition peut inculquer la discipline ?

J'ai fini par avoir une idée. La veille, j'avais lu *The Fatal Shore*[1], un roman historique de Robert Hugues qui se déroule à l'époque de la création de l'Australie. Il y décrit les terribles corrections que l'on administrait aux prisonniers avec un fouet spécial, dit « chat à neuf queues » ou, plus communément, « chat ».

« D'accord, dis-je au postulant indocile. Je vais t'administrer une sanction traditionnelle de ce pays : tu vas tâter du chat ! »

Le visage du pauvre garçon devint blême et ses lèvres se mirent à trembler. (Qu'avait-il fait de son flegme britannique ?) Il se disait sans doute : « Malheur ! L'abbé va me flageller. Ce n'était pas à ce genre de peine que je pensais. »

N'étant pas encore très au fait du bouddhisme, il était persuadé qu'il allait recevoir des coups de fouet pour avoir dérobé un sandwich. Je m'empressai de lui préciser ce que « tâter du chat » signifiait pour nous.

À l'époque, notre monastère hébergeait deux matous.

« Prends-en un et caresse-le cinquante fois, lui dis-je. En le cajolant, apprends la compassion. Ainsi, tu pourras peut-être te pardonner. C'est le secret de la discipline. »

Il ne trouva rien à redire à cette punition.

Notre chat non plus.

1. « Le Rivage fatal ».

60
Le général le plus respecté de l'armée

Dans *L'Art de la guerre*, un classique de la littérature chinoise, on peut lire l'histoire d'un général qui commandait les bataillons les plus disciplinés de l'armée impériale. Il fut convoqué par l'empereur, curieux de savoir pour quelle raison ses troupes lui obéissaient au doigt et à l'œil.

« Sire, ils exécutent toujours mes ordres parce que je n'exige d'eux que ce qu'ils sont disposés à faire. »

Pourquoi ses soldats acceptaient-ils de sortir du lit à l'aube ? Pourquoi se réjouissaient-ils à la perspective de manœuvres épuisantes ? Pourquoi étaient-ils volontaires pour aller au combat alors qu'ils risquaient de graves blessures, voire la mort ?

La réponse est que ce général savait si bien les motiver qu'ils étaient convaincus avant même de recevoir ses instructions.

Ils ne rechignaient pas à se lever au petit matin et à s'entraîner durement, parce qu'ils avaient été galvanisés par ses discours enflammés sur l'héroïsme et le patriotisme et qu'ils étaient prêts à se battre pour la bonne cause. Le secret de leur discipline exemplaire, c'était ce chef charismatique qui leur donnait du cœur à l'ouvrage.

Il est rare que les punitions contribuent à instaurer la discipline. Elles apprennent au contraire à ruser pour éviter d'être pris. Si, plutôt que sévir, vous incitez votre fils à rentrer tôt d'une soirée pour ne pas compromettre ses études, vous obtenez de lui une certaine discipline.

61
L'influence de la petite amie

Le fils d'un de mes amis était étudiant et sortait tard avec sa copine plusieurs soirs par semaine. Ses résultats à l'université en pâtissaient. Comme la plupart des jeunes de son âge, il ne tenait aucun compte de ce que lui disaient ses parents. Son père, qui était très intelligent, trouva un moyen détourné de le rendre plus sérieux.

Le jeune homme rentra un matin à l'aube avec son amie après une nuit en boîte. Son père l'attendait sur le pas de la porte et lui fit signe de rentrer, ce qui n'augurait rien de bon. Pourtant, au lieu de s'adresser à son rejeton, mon ami se tourna vers la jeune fille.

« Vous êtes ensemble depuis quelque temps, n'est-ce pas ?

— Oui, répondit-elle.

— J'ignore quels sont vos projets, mais il se peut que vous ayez dans le futur envie de vous marier. Je suis persuadé que tu ne voudrais pas d'un époux qui a raté son diplôme et n'a pas de travail. Si mon fiston continue à faire la nouba à ce rythme, c'est ce qui lui pend au nez. Il t'a dit que ses notes ne font que dégringoler depuis que vous vous voyez ?

— Non, répliqua-t-elle en lançant un regard en coin à son copain. Je ne le savais pas.

— J'ai pensé qu'il valait mieux que je te mette au courant. Bonne nuit. »

Sur ce, il les laissa.

À compter de ce jour, la demoiselle se débrouilla pour qu'ils rentrent à une heure correcte et surveilla de près les notes du jeune homme, qui remontèrent de façon impressionnante. Il obtint son diplôme et décrocha un bon poste.

Si votre ado se rebelle et refuse de vous écouter, essayez d'obtenir le soutien de la personne qu'il aime. En faisant d'elle une alliée, vous obtiendrez un avantage stratégique.

62
Vingt pompes par jour

L'exercice physique est très en vogue de nos jours. Beaucoup fréquentent les clubs de gym ou pratiquent un sport pour conserver un corps en bonne santé. Malgré cela, ils continuent à éprouver des sentiments négatifs et se laissent facilement gagner par la colère ou la dépression.

Pour favoriser le développement des émotions positives, j'ai mis au point et j'enseigne une série d'exercices simples, que j'ai intitulée « Vingt pompes par jour ».

Le matin, après avoir fait votre toilette et vous être brossé les dents, placez-vous face à un miroir, les pieds écartés d'environ 40 cm, sur un tapis doux et dans une pièce tempérée. Inspirez et expirez profondément trois ou quatre fois pour vous décontracter, puis approchez les mains de votre visage. Posez les index aux commissures des lèvres et remontez-les vers le haut sans quitter des yeux le miroir.

Un !

Laissez votre bouche reprendre son expression morose habituelle pendant trois secondes, puis relevez à nouveau les coins de vos lèvres.

Deux !

Poursuivez jusqu'à ce que vous ayez fait vingt fois l'exercice. Et sans tricher !

Non seulement vous vous moquerez de vous chaque matin, mais vos muscles labiaux se raffermiront au point que vous sourirez à la vie plus facilement et plus souvent.

Il suffit pour cela d'un minimum d'entraînement.

63
La sagesse du ventre

Quand j'étais enfant, être bien en chair était vu comme un signe de bonne santé, de joie de vivre et d'insouciance. À l'époque, mon modèle de générosité et de conscience sociale était Frère Tuck, dans *Robin des Bois*. Il était aussi grassouillet que jovial et sage – exactement le genre de moine que je rêvais de devenir.

Aujourd'hui, nous sommes tous censés être minces et sérieux. J'ai commencé à me préoccuper de mon tour de taille le jour où, dans mon temple de Perth, une Chinoise s'est approchée de moi et a posé la main sur ma bedaine en guise de porte-bonheur !

Je me suis empressé de mener quelques recherches. J'ai appris que des expériences avaient démontré que, lorsqu'on est heureux, et notamment lorsqu'on rit, les vaisseaux sanguins se dilatent nettement. Inversement, ils se contractent si l'on est malheureux ou tracassé.

Voilà qui éclairait beaucoup de choses.

Vous avez sans doute remarqué comme moi que la plupart des personnes âgées rondouillardes sont enjouées et bienveillantes – à l'image du père Noël. J'en ai déduit que c'est probablement parce qu'elles rient fréquemment : leurs vaisseaux deviennent aussi larges que des autoroutes, ce qui favorise l'évacuation de leur mauvais cholestérol et autres toxines. Inversement, les gens gras et tristes ont des artères étroites qui se bouchent facilement, et ils meurent plus tôt que ceux qui sont débonnaires.

J'encourage par conséquent mes lecteurs qui, à l'image de votre serviteur, sont en surpoids, à rire beaucoup. Les effets sur leur circulation sanguine leur sauveront peut-être la vie !

Toujours à ce sujet, on interrogea l'acteur américain George Burns sur son hygiène de vie à l'occasion de son anniversaire alors qu'il avait déjà plus de quatre-vingt-dix ans.

« George, vous serez bientôt centenaire et vous sortez encore en boîte jusqu'à l'aube, vous buvez du whisky à gogo, vous achetez vos cigares par boîtes entières et vous mangez gras. Vous ne vous inquiétez pas de votre santé ?

— Pas le moins du monde ! répondit-il. Ma femme se faisait du souci à propos de ma forme et de mon mode de vie, et c'est ce qui l'a tuée il y a des années ! »

64
L'origine du stress

En 2010, j'ai été invité à prononcer le discours d'ouverture du World Computer Congress à Brisbane. Je ne connaissais rien aux ordinateurs, mais ce détail trivial – le fait de ne pas savoir de quoi je parle – ne m'a pas empêché d'accepter cette mission.

Au cours de mon allocution, j'ai levé mon verre d'eau et j'ai demandé à l'assistance : « Combien pèse-t-il ? »

Avant que quelqu'un ait le temps de répondre, j'ai poursuivi : « Si je garde le bras tendu, dans cinq minutes, j'aurai mal à l'épaule et dans dix, la douleur deviendra lancinante. D'ici un quart d'heure, je souffrirai le martyre et je serai un moine très stupide !

Que devrais-je faire ?

Aussitôt que le verre me semble trop lourd pour que je puisse le tenir sans forcer, je devrais le poser et relâcher une minute les muscles de mon bras. Après cette trêve, je pourrai le soulever à nouveau sans ressentir de douleur. Si vous ne me croyez pas, faites l'essai chez vous !

Le stress professionnel a la même origine. Il n'est lié ni à la charge de travail ni à l'importance des responsabilités, mais au fait qu'on ne sait pas interrompre son activité quand elle devient trop pesante et souffler un peu avant de reprendre le collier. »

Ma recommandation reçut un accueil si enthousiaste qu'elle fut publiée dans *The Australian*, le seul organe de presse quotidien de notre pays, puis postée sur le site Internet de la Bourse australienne.

Si vous n'apprenez pas à « poser votre fardeau » et à vous détendre quand vous êtes stressé, la qualité de votre production va en pâtir, votre rendement va baisser et votre stress va s'aggraver. En revanche, en vous accordant une pause d'une demi-heure lorsque vous en ressentez le besoin, les trente minutes « perdues » seront vite compensées par une activité plus efficace, effectuée plus rapidement. Vous accomplirez par exemple en trois heures ce qui en nécessiterait quatre en temps normal, avec des résultats supérieurs. « Poser son verre » n'est donc pas un gaspillage de temps, mais un investissement, qui se traduit par un meilleur fonctionnement du cerveau.

Mon conseil apparut également plus tard sur le blog de la Harvard Business School. Tout compte fait, il faut croire que je sais un peu de quoi je parle !

65
Une demi-feuille de papier

J'ai lu il y a longtemps cette histoire édifiante, où l'on apprend de quelle manière un homme a réussi à surmonter ses sautes d'humeur et son manque d'assurance.

Pendant l'éloge funèbre de son mari, le jour de son enterrement, sa veuve présenta à l'assistance un morceau de papier écorné. Elle expliqua que son époux le conservait dans son portefeuille depuis bien avant leur mariage et qu'il l'avait empêché de se mettre en colère et de se dévaloriser.

Du temps où il était lycéen dans un établissement de garçons, une bagarre générale était sur le point d'éclater dans la classe. Dans une dernière tentative pour rétablir le calme, l'enseignante ordonna aux adolescents survoltés de retourner à leur place, d'arracher une page de leur cahier d'exercices et d'inscrire en haut le nom du camarade qu'ils détestaient le plus. Ils s'exécutèrent. Elle leur demanda ensuite de tracer un trait vertical au centre de la feuille et d'énumérer à gauche les raisons de leur antipathie. Tous obtempérèrent sans discuter.

« Maintenant, à droite de cette ligne, notez ce que vous admirez et respectez chez lui. »

Ils eurent plus de mal à obéir à cette consigne. Elle dut insister pour qu'ils s'exécutent avant de leur donner une dernière directive :

« Pliez soigneusement votre feuille le long du trait et déchirez-la en deux. Je vais passer parmi vous avec une corbeille. Vous y déposerez la partie gauche, où vous avez détaillé les raisons de votre inimitié. Celle de droite, où figure ce que vous trouvez admirable et méritoire chez celui que vous haïssez, vous allez la lui remettre gentiment. Allez-y ! »

La veuve raconta que le vieux feuillet qu'elle tenait à bout de bras était la moitié droite que l'ennemi juré de son mari lui avait donnée, où il avait écrit ce qui lui paraissait digne de considération et d'admiration en lui.

Dès que son époux sentait qu'il allait s'emporter contre quelqu'un, il pensait à ce papier. Si son ancien adversaire avait décelé chez lui des qualités, il pouvait essayer d'en voir aussi dans la personne qu'il exécrait, qui la rachèteraient à ses yeux. De même, lorsqu'il n'avait pas le moral, il se disait que son camarade de classe lui avait reconnu des traits de caractère remarquables et qu'il pouvait, à son tour, admettre qu'il les possédait. Pour cette raison, il avait conservé toute sa vie cette demi-feuille qui avait fait de lui un homme heureux de son sort.

Si vous avez du mal à vous accepter, prenez une feuille, tirez une ligne verticale au milieu, inscrivez à gauche ce que vous n'aimez pas chez vous, puis à droite vos points positifs. Ne négligez surtout pas de remplir la seconde partie ! Coupez la feuille en deux, jetez la moitié gauche et conservez celle de droite. Consultez-la régulièrement. Vous en retirerez de l'estime pour vous-même – et elle vous évitera de dépenser une fortune chez le psy !

66
Dans la détresse

À l'époque où j'enseignais en Malaisie, les gens qui m'hébergeaient me demandèrent de recevoir une de leurs amies qui était mal en point. Elle avait consulté plusieurs psychologues et thérapeutes, mais aucun n'avait pu la soulager. Mes hôtes pensaient que c'était peut-être dans mes cordes.

Je ne savais pas quel était son problème. Par contre, je savais que, si des praticiens aguerris n'avaient pu la secourir, je devais intervenir sur un plan différent. Réfléchir de façon non conventionnelle n'est pas un problème pour un moine car, par définition, la vie monastique est tout sauf conventionnelle.

Lorsque la jeune femme s'est présentée à moi, j'ai vidé mon esprit de toute pensée. Cela m'est relativement aisé car je suis en quelque sorte un méditant professionnel. Elle m'a confié qu'elle avait subi un viol.

À peine avait-elle terminé son récit poignant que j'ai entendu une phrase surgir de mon cerveau vide et franchir mes lèvres : « Il en ressortira quelque chose de positif. »

J'étais choqué par ce que je venais de dire. Elle, en face de moi, l'était bien plus. Je n'avais pas prémédité ces paroles, qui étaient sorties toutes seules d'un recoin de mon esprit.

Mais j'ai tout de suite compris ce qu'elles signifiaient et je les lui ai précisées :

« Ce que vous avez vécu, ce que vous ressentez, je ne pourrai jamais le comprendre. Par contre, je vois que vous possédez une grande force intérieure et que vous trouverez le moyen de vous en sortir. À partir de là, vous serez en mesure d'exprimer quelque chose dont je suis incapable. Vous pourrez dire à la victime d'un viol en la regardant dans les yeux : "Je comprends ce que vous éprouvez parce que je suis passée par là." Vous pourrez même aller plus loin et lui indiquer la voie à suivre pour reprendre le dessus : "Donnez-moi la main. Je sais comment sortir de cet enfer." Moi, je ne pourrai pas. Voilà quel était le sens de ma phrase. Plus tard, vous épaulerez des femmes qui ont subi la même épreuve que vous. »

Elle m'a compris. D'une certaine manière, mes paroles avaient donné un sens à son traumatisme et lui avaient offert une tâche à accomplir, importante pour elle, mais aussi pour d'autres.

67
Un baiser au vilain crapaud

Il était une fois une pauvre jeune fille en guenilles qui, par un soir d'hiver, ramassait du bois dans la forêt enneigée pour chauffer sa cabane pleine de courants d'air. Soudain, elle aperçut, au milieu des brindilles éparpillées sur le sol, un crapaud, le plus vilain crapaud qu'on ait jamais vu.

« Pouah ! s'écria-t-elle. Je pense que je vais vomir !

— Je t'en prie, ne vomis pas tout de suite, répondit l'affreux batracien. Viens-moi plutôt en aide. Je suis en réalité un garçon malchanceux. Une méchante sorcière qui n'aimait pas ma musique m'a jeté un sort. Un baiser de ta part et le sortilège sera rompu. En retour, je ferai de toi une femme riche et je serai ton serviteur. »

La demoiselle ferma les yeux et embrassa le crapaud.

Il ne se transforma pas en prince car les familles royales s'entourent de nos jours de tellement de gardes du corps que les sorcières ne peuvent les approcher. Non, c'était encore mieux : il prit les traits d'un célèbre chanteur pop, plus mignon que Justin Bieber et tout aussi fortuné. Ils tombèrent dans les bras l'un de l'autre et vécurent heureux dans une somptueuse demeure à Malibu.

Ainsi se déroule un conte de fées classique, auquel j'ai ajouté une petite pirouette finale. Mais comment faut-il le comprendre ?

Les « affreux crapauds » ne manquent pas dans notre entourage. Votre belle-mère en fait peut-être partie. Alors peut-on « embrasser » le vilain crapaud qu'est la belle-mère telle qu'on la caricature généralement ?

Une jeune femme bouddhiste ne parvenait pas à s'entendre, malgré tous ses efforts, avec la mère de son mari. Quoi qu'elle dise, quoi qu'elle fasse, cela ne convenait jamais. Elle était perpétuellement en butte à ses critiques et cela la rendait folle.

Elle se lança dans la pratique de la méditation. Sans résultat.

Elle tenta de se montrer aussi gentille et bienveillante que possible avec elle du matin au soir. Cela n'eut pas d'effet non plus.

Elle passa aux chants bouddhistes. En vain. Le flot de remarques acerbes ne tarit pas.

Étant une fidèle mahayana, elle adressait souvent des prières à Guan Yin, la divinité de la compassion. Un matin, elle essaya de l'invoquer.

Sans doute épuisée par le souci que lui causait sa belle-mère, elle s'endormit au milieu de sa supplique et rêva de la déesse, vêtue d'une ample robe blanche et tenant un récipient empli de bonté. En levant les yeux, elle eut un choc : son visage n'était pas celui qui orne habituellement les statues de Guan Yin, mais celui de sa belle-mère !

C'était un signe. À compter de ce jour, elle vit en son irascible belle-maman l'incarnation de la compassion.

Elle changea d'attitude du tout au tout, au point qu'elle reçut moins de remarques de sa belle-mère, qui se mit à l'apprécier. Très vite elles devinrent les meilleures amies du monde.

Les gens se comportent avec vous comme vous avec eux. C'est ainsi qu'on embrasse un vilain crapaud pour chasser le mauvais sort.

68
Comment ne pas prier

La région australienne du Queensland a été récemment frappée par de graves inondations. Un moine bouddhiste, qui s'était réfugié sur le toit de son temple pour échapper à la montée des eaux, vit s'approcher un canot de sauvetage.

« Sautez, Vénérable ! lui dit le capitaine avec déférence. Nous venons à votre secours.

— C'est inutile, répondit le moine, impassible. Je suis disciple de Guan Yin, la divinité de la compassion. J'ai confiance en elle, elle me sauvera. Passez votre chemin, je vous en prie.

— La crue va empirer, insista le capitaine. Vous prierez votre déesse une fois à bord.

— Pas d'ironie ! protesta le moine. Guan Yin me protégera, je le sais ! »

Il repoussa toutes les propositions de monter dans la barque. Le capitaine, pressé par le temps, partit tirer d'affaire d'autres naufragés.

Très vite, le niveau de l'eau s'éleva et le moine dut s'agripper aux *chofahs*, les ornements recourbés à l'extrémité des pignons des temples. Une seconde embarcation s'arrêta à sa hauteur.

« Vénérable, crièrent les matelots, vous êtes une légende pour nous ! Nous sommes impressionnés par votre foi indéfectible, mais sautez vite, le flot grossit à vue d'œil !

— Il n'en est pas question. Ma croyance est mise à l'épreuve. J'ai prié Guan Yin toute ma longue vie. Elle ne m'abandonnera pas aujourd'hui. Elle m'épaulera. Ne vous en faites pas pour moi, allez prêter main-forte à mes voisins.

— Et si vous vous trompez ? demanda le capitaine.

— Vous verrez, je ne me trompe pas ! » s'écria le moine.

Sourd à leurs arguments, il refusa d'embarquer. Ils s'éloignèrent.

L'eau monta au point qu'il fut contraint de se cramponner à l'antenne de télévision. Un hélicoptère s'immobilisa au-dessus du temple. Le pilote fit descendre une échelle de corde et cria dans son mégaphone :

« Moine, écoutez-moi ! Vous avez fait la preuve de vos convictions, maintenant attrapez cette maudite échelle, on va vous hélitreuiller.

— Guan Yin va me sauver, hurla le moine.

— Allez, dépêchez-vous !

— Je crois en elle. »

Il ne voulut pas en démordre. Le pilote n'avait pas le choix : il dut poursuivre sa tournée sans lui.

Vous savez ce qui s'est passé ?

L'eau a continué à monter et le moine s'est noyé.

En arrivant au Paradis, il était en rage. Il chercha la déesse de la compassion et, quand il la trouva, il laissa libre cours à sa fureur.

« J'avais une foi absolue en vous et vous m'avez laissé tomber ! J'ai affirmé à tous ces mécréants que vous me protégeriez et vous ne l'avez pas fait. Je suis profondément humilié et… mort… Pourquoi n'avez-vous pas levé le petit doigt pour moi ? »

Guan Yin lui sourit et répondit d'une voix douce :

« Ne t'ai-je pas envoyé deux bateaux et un hélicoptère ? »

Maintenant vous avez compris comment ne pas prier !

69
L'aveugle guidant l'aveugle

Dans les montagnes du nord de l'Inde, un monastère connu pour héberger une congrégation très pieuse venait d'élire son abbé, qui était également son guide spirituel. La saison froide s'approchant, les jeunes moines demandèrent à leur nouveau maître si l'hiver serait doux ou pas.

L'abbé tout juste désigné ne maîtrisait pas suffisamment l'art de la méditation pour prédire le temps qu'il ferait. Néanmoins, afin d'impressionner ses disciples sans prendre trop de risques, il leur affirma que l'hiver allait être froid et qu'ils devaient ramasser une bonne quantité de bois de chauffage.

Quelques jours plus tard, il eut l'idée d'appeler la station météorologique locale. Sans décliner son identité, il interrogea le responsable, qui, par chance, avait fait des études à Oxford et était très compétent.

« Professeur, quel temps prévoyez-vous pour cet hiver ?

— Tous les signes annoncent qu'il fera froid », répondit le spécialiste.

Le lendemain, l'abbé recommanda aux membres de sa communauté d'amasser encore plus de bois.

Au bout d'une semaine, il rappela la station météo, toujours anonymement.

« Professeur, doit-on toujours s'attendre à un hiver rigoureux ?

— Nos informations se confirment, répliqua ce dernier. Je crains fort que nous devions nous préparer à des températures polaires. »

Le lendemain matin, l'abbé annonça aux bonzes qu'ils devraient récolter toutes les brindilles, même les plus petites, et n'en oublier aucune, car il envisageait un hiver parmi les pires qu'on ait connus dans ces montagnes.

Redoutant d'être allé un peu loin et d'entacher sa réputation si par malheur il se trompait, il repassa incognito un coup de fil au météorologue en chef.

« Professeur, êtes-vous absolument certain qu'il faille envisager un hiver très froid ?

— Absolument ! Les indices sont de jour en jour plus alarmants. Tout laisse à penser que nous atteindrons des records de températures négatives.

— Qu'est-ce qui vous permet d'être aussi catégorique ?

— Nous avons constaté que les moines du monastère voisin passaient leurs journées à ramasser du bois. »

Cette histoire m'a été adressée par un ami – il a ajouté qu'elle constituait également une parfaite métaphore du fonctionnement de la Bourse et il pourrait bien avoir raison !

70
L'éléphante acariâtre

Le zoo d'une petite ville hébergeait une gentille éléphante nommée Ellie, avec laquelle les enfants adoraient jouer. Elle acceptait sans broncher qu'ils lui caressent la trompe et les transportait dans tout le parc sur son dos. Au fond, elle aimait qu'on s'intéresse à elle. Le soir, après leur départ, lorsque tout était silencieux, elle contemplait le ciel étoilé et repensait aux forêts impénétrables où elle avait grandi et qu'elle avait parcourues en liberté. Elle se souvenait aussi qu'elle avait failli être tuée par des chasseurs et avait souffert de la faim quand elle ne trouvait rien à manger. Elle menait dans ce zoo une existence agréable : la nourriture était délicieuse et abondante, les soins médicaux gratuits et son enclos climatisé la protégeait de la canicule dans la journée. C'était une éléphante heureuse.

Puis quelque chose changea. Un jour, des écoliers se moquèrent de la taille de ses oreilles et elle les aspergea avec sa trompe, eux et leur instituteur, jusqu'à ce qu'ils soient trempés. Plus tard, quand son gardien vint nettoyer sa cage et retirer sa litière, elle le poussa et le fit tomber la tête la première dans un énorme tas de bouses. Elle devenait méchante. Peu après, elle se mit à jeter des fruits pourris aux visiteurs et refusa de se laisser approcher par les plus jeunes.

Craignant qu'une maladie ait altéré son caractère, les employés convoquèrent le vétérinaire, qui ne décela rien de particulier. Ils consultèrent un psychologue spécialisé dans les pachydermes qui, uniquement parce que c'était une femelle, évoqua des troubles de la ménopause – hypothèse que le vétérinaire rejeta immédiatement. Quoi qu'il en soit, l'humeur d'Ellie se détériorait de jour en jour.

Quelqu'un évoqua la possibilité d'une crise spirituelle, une sorte de « nuit obscure[2] » de l'âme éléphantesque.

On fit donc appel à un moine.

Ce Vénérable ne pouvait se déplacer qu'après avoir rempli ses obligations de la journée. Ainsi donc, un soir après la fermeture du zoo, il médita seul dans le noir près de l'enclos de l'éléphante.

Aux alentours de 23 heures, sa méditation fut perturbée par des murmures exprimés sur un ton menaçant et des rires démoniaques provenant de derrière l'enclos. Était-ce un fantôme ? Une compagnie de vampires ?

Il arrêta de méditer et alla voir de quoi il retournait. Il se rendit compte que le zoo était contigu à une jardinerie et que, dans l'arrière-cour du magasin, à deux pas de l'endroit où dormait Ellie, un groupe d'hommes et de femmes tenaient une réunion secrète. Il s'avança sur la pointe des pieds et comprit que c'étaient des trafiquants de drogue qui faisaient les comptes de leurs transactions de la soirée. Dans ce magasin, l'herbe ne servait pas uniquement à garnir les pelouses… Ils discutaient également des représailles qu'ils allaient infliger à leurs clients qui n'avaient pas réglé leurs dettes. Tout à coup, la raison du changement de comportement de l'éléphante devint claire.

Le lendemain soir, la police attendait les dealers et procéda à leur arrestation. Là où ils s'étaient réunis la veille, le moine invita quelques amis à méditer et évoquer les actes de bonté qu'ils avaient accomplis ou prévu d'accomplir, et du pardon qu'ils accorderaient à ceux qui

2. Référence à un poème de saint Jean de la Croix.

avaient mal agi envers eux. Ils récitèrent également des poèmes sur l'amour qui se répand sur le monde et les êtres vivants – notamment les éléphants.

Peu à peu, Ellie redevint plus douce et plus aimable. En quelques jours, elle retrouva sa bonhomie et recommença à jouer avec les enfants, y compris les plus turbulents.

Cette histoire inspirée d'un enseignement du Bouddha montre que les animaux aussi subissent l'influence du comportement d'autrui. Si la personne qui partage votre vie devient irritable ou si votre enfant vous fait tourner en bourrique, enfermez-le (la) quelques jours dans un monastère. Il (elle) en sortira peut-être aussi serein et charitable que les moines – à moins que ces derniers ne deviennent grincheux à son image !

71
Entendre des voix

Un de mes amis se détendait sur son canapé en lisant mon précédent ouvrage, *La Sagesse du moine*. Il entendit soudain un bruit insolite, une sorte de chuchotement. Il releva les yeux, se pencha en avant et tendit l'oreille.

On aurait dit que quelqu'un marmonnait : « Hé… »

Il regarda autour de lui mais ne vit personne.

Il entendit un nouveau : « Hé ! », plus fort.

La porte était fermée, les fenêtres aussi. Persuadé que son imagination lui jouait des tours, il haussa les épaules, s'adossa confortablement et reprit sa lecture.

« HÉ ! »

Il sursauta et faillit tomber. Cette fois, c'était un cri. La voix était si sonore et si claire qu'il ne pouvait l'avoir rêvée.

« Va au casino ! » lui dit-elle.

Ce n'est pas tous les jours qu'un coup de pouce miraculeux vous permet de renflouer vos finances. Mon ami, qui croyait aux présences de l'au-delà, décida de tenter sa chance. Il s'habilla, ramassa quelques billets, et fonça sans attendre dans un temple du jeu.

Tandis qu'il s'avançait sous les lumières clignotantes, au milieu du brouhaha des paris, la voix l'interpella à nouveau :

« Va à la roulette et mise cent dollars sur le numéro 6. »

Il suivit ses instructions, se pencha sur la table entourée de joueurs et déposa son jeton sur ce chiffre.

Le croupier fit tourner le cylindre et lança la boule. Elle s'immobilisa sur le numéro 6.

La voix céleste s'écria : « Super !! » Il y eut des murmures dans l'assistance. Mon ami avait remporté une coquette somme et était tout excité.

La voix lui dit alors : « Place tes gains sur le 17 ! Place tes gains sur le 17 ! » Tout étourdi, il lui obéit.

Le croupier relança la roue. Les spectateurs retinrent leur souffle. Si le coup était gagnant, le montant serait énorme. Et devinez quoi ? La boule tomba dans la case 17.

« Waow !!! » rugit la voix, en chœur avec la foule, qui exultait. Les badauds jouaient des coudes pour mieux voir et s'agglutinèrent autour de mon ami qui venait de rafler cent mille dollars !

Le souffle court, il s'agrippa à la table. Tout tournait autour de lui en un kaléidoscope de flashs lumineux. Il croisa le regard du croupier, qui lui fit un large sourire. Il sentit qu'il était de son côté.

« Vous souhaitez continuer ? » demanda l'employé.

« Tout sur le 23 ! Tout sur le 23 ! » lui souffla la voix céleste. Il lui sembla que c'était la réponse qu'il attendait.

Il hésita. S'il empochait ce gain astronomique, il ne serait plus obligé de travailler et serait à l'abri du besoin pour le restant de ses jours. Au milieu du vacarme, il chercha la réponse au fond de son cœur. Il était le point de mire de toute la salle.

Il inspira une grande bouffée d'air et joua le tout pour le tout.

Dans l'assistance, quelqu'un brisa le silence et cria, sous les applaudissements et les vivats de la foule : « Bravo ! Vas-y, mon gars ! »

Le croupier, les yeux écarquillés, remit la roue en mouvement. Elle tourna, tourna comme si elle ne s'arrêterait jamais. Mon ami avait du mal à respirer. Les spectateurs se turent. Il n'y avait plus un bruit, personne ne pipait mot. Le cylindre ralentit sa course… La boule était dans la case 23 !

Il y eut quelques exclamations de surprise mais les spectateurs, figés, s'agrippèrent les uns aux autres car ils avaient vu la même chose que mon ami : la boule avait rebondi et s'était posée en équilibre sur le rebord tandis que la roue finissait sa rotation, décélérait… et stoppait. Avant que mon ami ait le temps de pousser un cri de joie, la boule, déséquilibrée… tomba dans la case 24.

L'assistance était bouche bée. Il avait tout perdu.

Dans un silence de mort, il entendit une dernière fois la voix surnaturelle s'écrier : « Oh merde ! Désolé ! Oh merde ! »

Même les voix surnaturelles se trompent. Ne vous y fiez pas. Fiez-vous plutôt à votre bon sens.

Les gens s'adonnent à des jeux de hasard parce qu'ils croient qu'en écoutant des messages venus du Ciel, en priant à l'église ou au temple, en se faisant des promesses du genre « Si je gagne, j'arrête de fumer », ils réussiront à mettre le système en défaut. Dans ce domaine, tout le monde est logé à la même enseigne : personne ne peut battre la machine. C'est toujours elle qui gagne.

C'est aussi ce qui se produit avec le passionné de football qui regarde un match important à la télévision. Il hurle : « Fais-lui une passe ! Tire ! Vas-y, qu'est-ce que tu attends ? », convaincu que ses exhortations vont influencer le déroulement de la partie. Pourtant, si l'on examine la situation froidement, il gesticule devant un téléviseur et les joueurs, à des centaines de kilomètres de lui, ne peuvent l'entendre. Puisqu'il n'a aucun pouvoir, il ferait mieux de s'asseoir, de se taire et de se contenter de profiter du jeu.

L'habitué du casino qui encourage la machine à sous : « Allez, tourne ! », en est un autre exemple. Les bandits manchots n'ont pas d'oreilles et sont insensibles aux prières. Le joueur n'est pas en mesure de renverser les probabilités. Dès qu'on renonce à la vanité et qu'on comprend que personne ne peut défier les pronostics, on cesse de jouer.

72
Les religieux qui déjouent les probabilités

Pour une raison que j'ignore, il semblerait que les religieux bouddhistes soient capables de défier la loi des probabilités. Est-ce pour cette raison que nous n'avons pas le droit de jouer aux jeux de hasard ?

Une nonne bouddhiste qui venait d'animer une retraite de méditation au Royaume-Uni avait fait halte pour déjeuner sur la route de l'aéroport d'Heathrow avec la personne qui la raccompagnait. Le restaurant qu'elles avaient choisi était contigu à un pub, que l'on devait traverser pour accéder à la salle à manger. Après le repas, la conductrice décida de se débarrasser de sa monnaie anglaise dans la machine à sous qui était près du bar. Au moment où elle glissait une pièce de deux livres dans la fente, la nonne passa près d'elle.

« Ma sœur, vous qui avez un bon karma, tirez sur le manche » lui proposa-t-elle.

Sans réfléchir, la nonne abaissa le levier. Les rouleaux se mirent à tourner, puis s'immobilisèrent l'un après l'autre.

Jackpot ! Au milieu du tintement de cloches et des éclairs lumineux, des milliers de livres dégringolèrent sur la robe rapiécée de la nonne éberluée.

Le silence se fit. Tous les clients du bar se tournèrent vers elle. Le serveur agita une clochette et lui annonça qu'en vertu d'une tradition ancestrale, les gagnants du jackpot devaient payer une tournée générale.

Ainsi, pour la première fois depuis que le Bouddha avait médité sur cette terre deux mille cinq cents ans plus tôt, une nonne bouddhiste offrit du whisky, du gin-tonic et de la bière à des dizaines de clients enchantés.

Pour ce qui est de mon rapport avec les jeux d'argent, j'ai été sollicité il y a quelques années par un disciple pour bénir la boutique qu'un de ses amis venait d'ouvrir. J'ai commis l'erreur de ne pas lui demander quel commerce il tenait.

En pénétrant dans la galerie marchande le jour de la cérémonie, j'ai découvert que son échoppe ne vendait qu'un seul article : des billets de loterie ! Il était trop tard pour que je m'éclipse et j'ai célébré comme convenu la bénédiction avec autant d'enthousiasme que s'il s'était agi d'un cabinet médical.

Deux ans plus tard, j'ai lu dans le supplément week-end de notre journal un article consacré à ce magasin, intitulé : « Le point de vente qui bat tous les records de gains de loto en Australie ». Où se situe-t-il ? Je ne vous dirai rien. Par ailleurs, je ne bénis plus de magasins de jeux de hasard !

73
Le miracle

En tant qu'ancien étudiant en physique à Cambridge, je ne suis pas particulièrement enclin à croire aux miracles. Il n'en reste pas moins que j'ai assisté à un événement qui ne peut s'expliquer autrement.

Nous célébrions le trentième anniversaire de la Société bouddhiste d'Australie-Occidentale. Après des débuts très modestes, nous avions accompli un tel chemin qu'il était temps de fêter notre succès et de montrer que le bouddhisme s'était établi dans notre État. Nous avions loué les jardins de la Cour suprême, un parc en plein centre de Perth qui, à notre grande surprise, n'avait pas été réservé à cette date. Nous avions commandé et fait livrer de Thaïlande spécialement pour l'occasion une grande statue dorée du Bouddha. Nous n'avions pas regardé à la dépense pour le podium, les tentes, le buffet et les animations. Pour couronner le tout, nous avions réussi à persuader le Dr Geoff Gallop, Premier ministre de l'État, de nous honorer de sa présence, ainsi que plusieurs ambassadeurs et autres dignitaires. La cérémonie devait se dérouler en fin de journée, le dimanche de la pleine lune de mai, jour sacré dans le calendrier bouddhique. Cette organisation avait représenté énormément de travail, mais, petit à petit, tout se mettait en place.

Le jour dit, je découvris à mon réveil qu'il pleuvait des cordes. Le bulletin météorologique annonçait une forte dégradation en cours de journée et un avis de tempête avait été lancé pour la région de Perth. Le cœur de la dépression devait toucher la ville à 19 heures, exactement au moment où débuterait la réception.

Le temps que dura l'installation, nous fûmes trempés jusqu'aux os par des trombes d'eau. Un collaborateur du Premier ministre m'appela à trois reprises : « Envisagez-vous d'annuler ? D'après les prévisions, le vent va se renforcer… » À trois reprises, je lui répondis : « Il n'en est pas question ! » Un ami qui avait fait carrière dans la marine marchande m'informa que le baromètre plongeait ; fort de l'expérience d'une vie entière à naviguer sur les mers, il était certain qu'un méchant coup de tabac se préparait. Un moine me prit même à part et me conseilla de cesser de me ridiculiser et de tout laisser tomber. Là encore, je refusai.

Un quart d'heure avant que les officiels débarquent, une employée pénétra en pleurs dans la tente où j'effectuais les derniers réglages.

« Venez voir ! Venez voir ! »

J'étais sûr qu'elle allait m'annoncer une nouvelle catastrophe, mais elle se contenta de pointer le ciel du doigt. Pour la première fois de la journée, les nuages s'étaient déchirés et l'on pouvait admirer une lune magnifique.

Il ne pleuvait plus.

Le Premier ministre arriva sur ces entrefaites, et les autres personnalités dans son sillage. Suivi par une équipe de tournage, je répétais : « C'est tout de même étrange ! C'est tout de même étrange ! » La soirée se déroula par temps sec sous une lune resplendissante.

Les célébrations étaient à peine terminées que les nuages s'amoncelèrent et qu'un déluge s'abattit sur nous et dura toute la nuit. Le lendemain matin, le parc était noyé sous cinq centimètres d'eau et l'autoroute toute proche était inondée. Bon nombre d'invités n'avaient pu assister aux festivités car, dans les quartiers périphériques, une pluie diluvienne était tombée sans interruption et des arbres avaient été déracinés. Ils ne pouvaient pas croire que nous ayons été épargnés. L'entreprise de location qui nous avait livré le podium et les tentes nous adressa l'e-mail suivant : « Nous ne savons pas qui est Ajahn Brahm, mais nous aimerions qu'il nous dise qui va gagner le grand prix automobile aujourd'hui. »

Il ne s'agissait pas d'une simple averse, mais d'une véritable tempête qui s'était calmée seulement au-dessus de nos têtes.

Un miracle. C'était la seule explication possible.

74
Intervention divine

Un jeune Américain qui venait de terminer une mission pour le Corps de la paix en Thaïlande décida de prolonger son séjour et d'expérimenter la vie de moine bouddhiste. Il logeait dans un hôtel de Bangkok et, ne sachant où effectuer son apprentissage, questionna le concierge. Ce n'était pas une requête habituelle pour la réception d'un hôtel de la capitale et c'est sans doute pour cette raison que la suggestion de l'employé ne fut pas la plus judicieuse.

Il lui recommanda le monastère de Wat Bowonniwet, au centre-ville, qui hébergeait de temps à autre des moines occidentaux. Il lui suggéra d'apporter des provisions pour la tournée d'aumônes matinale et d'en profiter pour dire à un bonze qu'il souhaitait être ordonné.

Le jeune homme suivit ses instructions et se présenta vers 4 heures du matin devant le monastère, qui était fermé à double tour. Il arpentait la rue déserte, indécis, quand il fut abordé par un Thaïlandais âgé qui lui demanda dans un anglais parfait s'il avait besoin d'aide. L'Américain lui exposa son projet. Le vieil homme lui répondit que les portes n'ouvraient qu'à 5 h 30, mais qu'il en possédait la clé et pouvait lui faire visiter les lieux avant que les moines se lèvent.

Il déverrouilla la grille qui donnait accès à la grande salle d'ordination, alluma les lumières, ouvrit les belles portes sculptées et le fit entrer. Pendant une heure, il lui fit une description détaillée et passionnante des peintures anciennes qui ornaient les murs de l'édifice, lui apprit qui les avait financées et pour quels motifs – certaines avaient été offertes après le décès d'un parent, d'autres pour implorer la guérison d'un enfant malade. Le temps passa très vite et, après qu'il lui eut exposé la dernière, il pria le jeune homme de retourner dans la rue pour qu'il referme le temple car un moine allait bientôt sortir. Il lui conseilla de déposer la nourriture qu'il avait apportée dans son bol et de lui indiquer qu'il souhaitait devenir moine.

L'Américain obéit. Quelques minutes plus tard, on le fit entrer dans le monastère pour qu'il entame sa formation.

Malheureusement, il rencontra un problème : il ne comprenait pas un mot de ce que lui disait le moine qui avait été désigné pour l'instruire.

« Pouvez-vous confier cette tâche à quelqu'un d'autre ? demanda-t-il.

— C'est pourtant celui qui maîtrise le mieux votre langue ici, lui fut-il répondu.

— Et l'homme qui m'a accueilli le premier jour, qui a ouvert la grille et m'a fait visiter la salle de cérémonie ? Il parlait un anglais parfait. »

Les moines le conduisirent aussitôt dans le bureau de l'abbé, à qui il raconta son histoire. Ce dernier l'interrompit aussitôt et fit venir son secrétaire pour qu'il consigne son témoignage.

Aucun laïc ne possédait la clé de cette grille, appelée « Porte royale », car seuls les rois et les princes thaïlandais sont autorisés à la franchir. C'est en effet dans ce monastère que les souverains du pays sont ordonnés pour des périodes temporaires. De plus, l'éclairage ne peut être allumé là où l'avait décrit l'Américain et aucun fidèle ne dispose des clés du sanctuaire. Enfin, personne, pas même le vieil abbé, n'avait une connaissance aussi approfondie des tableaux.

L'abbé insista pour que le jeune homme lui décrive ce vieux monsieur. La seule indication qu'il leur donna était qu'il portait une tenue traditionnelle, ce qui est rare de nos jours. Pressé d'en dire plus, il leva les yeux et les écarquilla aussitôt : son portrait était accroché au mur, derrière l'abbé.

« Le voilà ! s'écria-t-il. C'est lui qui m'a fait entrer ! »

Le portrait représentait le roi Rama V, plus connu sous le nom de Chulalongkorn, qui avait rendu son dernier soupir le 23 octobre 1910. Cela expliquait qu'il soit entré par la Porte royale et qu'il en sache autant sur les œuvres exposées, puisque les membres de sa famille en avaient été les principaux donateurs. Un ancien roi de Thaïlande, sans doute devenu être divin, avait permis à un jeune homme de réaliser son souhait de devenir moine bouddhiste.

75
Monsieur Je-sais-tout

Autrefois, les monarques thaïlandais aimaient s'entourer des esprits les plus brillants du pays. L'un de ces courtisans avait la langue mordante et aussi acérée qu'un rasoir. Les membres de la cour rêvaient de le moucher devant le roi en le mettant en mauvaise posture.

Ils décidèrent de vanter ses multiples talents en présence du souverain pour que son ego gonfle au point qu'il se vante imprudemment de lire dans les pensées d'autrui. Ils le mettraient alors au défi de rapporter ce qu'il voyait dans les leurs. Et, à supposer que ce monsieur Je-sais-tout tombe juste, ils affirmeraient sans sourciller qu'il faisait erreur. Car qui peut prouver quelles idées agitent l'esprit de quelqu'un ?

Un matin, les ministres louèrent tour à tour devant le roi la grande sagesse et les innombrables mérites du courtisan. Lorsqu'ils estimèrent que son orgueil avait pris le pas sur sa prudence, l'un d'eux s'écria :

« Monsieur possède tant de dons qu'il a probablement celui de mentaliste, je présume ?

— En effet », répliqua le courtisan en bombant le torse.

Ils échangèrent des sourires complices : il était tombé dans leur piège ingénieux.

« Si tel est le cas, dites à notre Majesté ce à quoi nous pensons tous. »

Il avait mordu à l'hameçon. Il était coincé.

« Sire, dit-il, je vais vous révéler ce que vos ministres ont en tête en cet instant : ils n'ont que des pensées bienveillantes et dévouées pour leur monarque. »

Après quelques secondes de réflexion, les ministres ne purent qu'acquiescer :

« En effet, Majesté. C'est ce que nous pensons tous ! »

C'est ça, l'omniscience.

76
La fable des deux manguiers

Le Bouddha contait l'histoire d'un souverain puissant qui retournait dans son palais après avoir supervisé un exercice militaire. Il passa devant deux manguiers, l'un croulant sous les fruits parfumés et mûrs tandis que l'autre n'en portait aucun. Sans s'intéresser à l'arbre stérile, il décida de revenir se gaver des mangues du premier dès qu'il aurait retiré son uniforme de chef des armées.

À son retour, il constata que l'arbre qu'il convoitait avait été intégralement et sauvagement dépouillé. Ses soldats, contrairement à lui, n'avaient pas attendu de changer de tenue pour s'empiffrer. Pire, ils avaient cassé tellement de branches et éparpillé tant de feuilles à terre que le manguier paraissait déformé et souffreteux. Son voisin aux branches nues, quant à lui, était intact et semblait solide et parfaitement sain.

Le roi, dans sa grande sagesse, abdiqua dès le lendemain et se fit moine. Le sort d'un monarque influent s'apparentait, selon lui, à celui d'un arbre couvert de fruits : les princes, les ministres intrigants et même les nations voisines lorgnaient ses richesses et finiraient tôt ou tard par s'attaquer à lui. De même que l'arbre fruitier avait été défiguré, il risquait d'être blessé, voire tué. Mieux valait, à l'instar d'un moine, n'avoir que peu de biens. Désormais, il vivrait comme le manguier sans fruits : robuste, en bonne santé, toujours disposé à partager son ombre fraîche.

77
La meilleure technique pour cueillir une mangue

Les premiers mois de mon séjour au monastère de Wat Pah, mon maître Ajahn Chah me répétait souvent l'histoire qui suit. Je la trouvais absurde et mettais cela sur le compte des différences entre nos cultures. Pourtant, je ne l'ai pas oubliée. Plus tard, après mon ordination, j'ai vu dans cette parabole, dont m'avait fait don le maître le plus brillant que j'aie rencontré, une parfaite évocation du processus de l'Éveil.

Wat Pah Pong est un verger de manguiers dont on prétend qu'ils furent plantés par le Bouddha. Aujourd'hui, ils produisent des milliers de fruits savoureux. Grâce à la grande sagesse et à la compassion du Bouddha, les moines, les nonnes et les fidèles laïcs ne sont pas obligés de grimper à leurs troncs pour les cueillir, ni de frapper leurs branches avec des bâtons ou de les secouer pour les faire tomber.

Il leur suffit de s'asseoir sous l'un d'eux, de rester immobiles et d'ouvrir la main pour qu'une mangue y tombe.

Si grandes sont la sagesse et la compassion du Bouddha.

Je connaissais ces arbres. Si l'on se contentait de s'installer dessous, il pouvait s'écouler des jours avant qu'une mangue tombe – en espérant que les oiseaux ne les aient pas toutes dévorées entre-temps. De plus, si d'aventure l'une d'elles finissait par se détacher, avec mon manque de chance, j'étais à peu près certain qu'elle atterrirait sur mon crâne chauve plutôt que dans ma main. Cette histoire me paraissait idiote !

Aujourd'hui, je me rends compte que l'idiot, c'était moi : dans la vie spirituelle, on ne gagne rien à « secouer le tronc », à « lancer des bâtons » ou à « grimper aux branches » pour provoquer quelque chose. C'est seulement en apprenant à se tenir immobile, libéré de tout désir, et à ouvrir son cœur à l'amour inconditionnel que les mangues de l'Éveil tombent doucement dans votre main.

78
Le fruit défendu

Un pauvre paysan avait une grande quantité de foin moisi. Pour ne pas être contraint de le jeter, il le donna à ses vaches, mais elles préféraient souffrir de la faim que de mâcher ces tiges amères.

Il le mélangea à du foin fraîchement coupé et le proposa à nouveau à ses bêtes, qui trièrent le bon du mauvais et ne gardèrent que le bon. Son foin moisi lui restait sur les bras.

Il remarqua alors un phénomène étrange : alors que l'herbe poussait en abondance dans son pré, ses vaches passaient la tête entre les fils de fer barbelés pour manger les brins qui poussaient de l'autre côté. Il déposa le foin pourri derrière sa clôture, pas trop loin pour qu'elles puissent l'attraper en étirant le cou. En deux jours, il n'en resta plus du tout.

Même moisi, le foin interdit a meilleur goût.

Je me suis servi de cette image pour prêter main-forte à une amie qui avait un problème avec son mari. Il était gentil mais il ne voyait pas l'utilité de la religion, et de la méditation encore moins. Elle était persuadée que les enseignements du bouddhisme lui seraient bénéfiques. Mais pour cela, il devait prendre le temps de les écouter, et cela ne l'intéressait pas du tout. Elle avait donc sollicité mon aide.

« C'est simple, lui dis-je. Il suffit que tu achètes un de mes livres, que tu le rapportes à la maison et que tu lui défendes d'y toucher. Insiste bien sur le fait que tu ne tiens pas à ce qu'il le lise. »

Ce qu'elle fit.

Comme on pouvait s'y attendre, un jour qu'elle était sortie et qu'il était seul à la maison, il se fit une réflexion du genre : « Pourquoi ne veut-elle pas que j'ouvre ce bouquin ? »

Il le prit, lut la première histoire et ne le reposa qu'après avoir terminé la dernière. Depuis, il vient à mon temple toutes les semaines.

79
Le tyran

Partout où il existe une hiérarchie, des gens tentent d'intimider ou de persécuter ceux qui sont plus faibles qu'eux. Ces tyrans domestiques sévissent aussi bien dans les cours de récréation que sur les lieux de travail – et jusque dans les monastères, comme l'illustre l'anecdote suivante.

J'étais moine depuis moins d'un an et je m'étais accroupi après le déjeuner pour laver mon bol d'aumônes et mon crachoir quand un moine plus âgé s'est approché de moi à grands pas, s'est penché d'un air menaçant et m'a apostrophé :

« Brahmavamso, ton comportement est répugnant. On ne doit surtout pas essuyer son bol avec le même torchon que le crachoir ! Arrête ça *immédiatement* ! »

Les jeunes moines sont censés respecter leurs aînés, mais là, il dépassait les bornes. Il cherchait ni plus ni moins à me faire perdre mes moyens. De plus, la moitié de mes camarades faisaient de même, c'était injuste qu'il ne s'en prenne qu'à moi.

Heureusement, je savais comment lui répondre : j'ai gardé mon calme et j'ai obtempéré.

Je bouillonnais intérieurement mais je me suis efforcé de me maîtriser. Sans dire un mot, je suis allé tranquillement à l'endroit où étaient rangés les torchons. J'en ai pris un, je suis revenu lentement à ma place et j'ai nettoyé le récipient. Je sentais le regard des autres moines rivé sur moi. J'ai attendu ce moment-là pour lever les yeux vers mon persécuteur, imité par mes camarades, curieux de voir quelle serait sa réaction à ma docilité inattendue. Pendant deux minutes, personne n'a bougé. Son visage est devenu aussi écarlate qu'une voiture de pompiers, il s'est éloigné et ne m'a plus jamais cherché de noises.

Les harceleurs cherchent à prouver qu'ils sont supérieurs. Dans une communauté spirituelle, comme ici un monastère, la méthode que j'ai employée ne fonctionne que si l'agression a lieu en public. Dans un bureau, une école ou en privé, elle peut laisser penser que vous êtes faible et que vous méritez d'être dominé. Si vous ne pouvez river son clou à la personne qui vous persécute ou lui tenir tête, alertez votre supérieur.

Votre objectif est de prouver qu'en sagesse et en courage, vous êtes au moins son égal, sinon meilleur.

80
Les fonctionnaires despotiques

Les services administratifs sont, c'est bien connu, le repaire de petits despotes qui ont un certain pouvoir et ressentent le besoin d'en faire usage le plus souvent possible.

Un bouddhiste qui appartenait au *Tactical Response Group* – l'unité d'intervention des forces spéciales de la police fédérale d'Australie-Occidentale – se rendit dans le consulat australien d'un pays asiatique car il voulait obtenir un visa pour son épouse. La fonctionnaire qui le reçut fut si peu coopérative qu'il lui en fit poliment la remarque.

« Vous voyez l'agent de sécurité là-bas ? lui répliqua-t-elle. Si vous continuez à vous plaindre, je lui dirai de vous tirer dessus. »

Fort de l'expérience qu'il avait acquise dans les situations de prises d'otages, il réussit à s'en sortir sans dommages, mais il me confia qu'il n'aurait jamais pensé devoir exercer ses talents de négociateur dans un consulat de son pays.

Mon second exemple concerne un ami qui possède un garage de réparation automobile à Perth. Un matin, il ne put y accéder car une voiture stationnée au milieu de l'allée en bloquait l'accès. Ses ouvriers et ses clients ne pouvaient ni entrer ni sortir. Il appela la police municipale pour qu'elle dégage ce véhicule qui n'avait rien à faire là.

L'employé qu'il eut au téléphone l'informa qu'il allait envoyer un agent et que ce dernier poserait un autocollant sur le pare-brise, car, en vertu du règlement, ils ne pouvaient embarquer la voiture à la fourrière qu'au bout d'une semaine.

« Quoi ? Vous êtes en train de me dire que durant sept jours mes clients ne pourront ni déposer leur voiture ni la récupérer une fois qu'elle sera réparée ? Je peux aussi bien fermer boutique jusqu'à la semaine prochaine ! fulmina l'artisan.

— Je suis désolé, mais le règlement, c'est le règlement », répondit le fonctionnaire territorial.

Heureusement, mon ami ne se laissait pas démonter facilement. Il grimpa dans sa camionnette et se rendit à la mairie. Il se gara juste devant la sortie du parking, de sorte qu'aucun véhicule du personnel ou des visiteurs, pas plus que les camions de livraison, ne pouvaient plus partir. Aux agents municipaux qui lui demandèrent de reculer, il répliqua :

« Vous n'avez qu'à coller un autocollant. Si j'ai bien compris ce que vous m'avez dit tout à l'heure, elle ne bougera que dans sept jours ouvrables ? »

À l'issue de brèves négociations, la voiture qui obstruait l'entrée de son atelier fut déplacée et, peu après, sa fourgonnette disparut du parking de la mairie.

C'est une façon de réagir aux tentatives d'intimidation des fonctionnaires.

81
Le dictateur du conseil d'administration

Jane, une amie qui vit à Sydney, venait de créer sa petite entreprise. Un important groupe britannique s'intéressait à ses produits et se mit en rapport avec elle pour lui proposer un accord financièrement très avantageux. Elle reçut peu après un e-mail la priant de venir en Angleterre dans les plus brefs délais pour la signature du contrat. Cette transaction apporterait à sa société le coup de pouce dont elle rêvait.

Elle avait une adorable petite fille, prénommée Erica, qu'elle avait des scrupules à abandonner plusieurs jours, mais elle ne pouvait négliger cette opportunité cruciale pour l'avenir de sa famille.

Elle réserva une place sur le premier vol à destination de Londres. À son arrivée, elle eut à peine le temps de déposer ses bagages à l'hôtel, de se doucher et de se changer avant de sauter dans un taxi pour se rendre au siège de la compagnie. Lorsqu'elle pénétra dans la salle du conseil, tous les administrateurs étaient présents, sauf le directeur général.

« Vous avez perdu votre temps, lui déclara l'un d'eux. Notre patron est d'une humeur massacrante. Il n'y a aucune chance qu'il approuve votre contrat. Il ne vous reste plus qu'à prendre le prochain avion et repartir dans votre pays. »

Jane n'avait pas l'intention de se laisser faire aussi facilement, d'autant qu'elle avait effectué la moitié d'un tour du monde pour assister à cette réunion.

« Si cela ne vous dérange pas, répliqua-t-elle du tac au tac, je vais attendre de le voir en personne. »

Elle s'installa sur un siège au fond de la pièce.

Elle avait l'habitude de pratiquer la méditation, et notamment la technique *metta bhavana*. Au moment où le directeur général fit irruption dans la pièce, elle atteignait l'état de bienveillance universelle.

« Mais où cette femme se croit-elle ? hurla-t-il en la voyant assise, immobile, les yeux fermés. Qu'est-ce c'est que ces manières, dans *ma* salle du conseil ? »

La méditation rend si calme que même un P-DG furibond ne fait pas perdre son sang-froid. Jane se leva tranquillement, s'avança vers ce mâle alpha au tempérament volcanique sans éprouver ni crainte ni désir de le provoquer et lui déclara :

« Vous avez des yeux magnifiques, exactement comme ceux de ma fille Erica, à Sydney. »

Après coup, elle m'assura que cette phrase lui était sortie de la bouche sans qu'elle l'ait préméditée et qu'elle avait eu un effet saisissant. Le directeur fut totalement pris de court. On aurait dit que son cerveau avait disjoncté. Pendant plus d'une minute, il resta muet et confus, puis son expression courroucée fondit sous le regard de Jane et il finit par répondre avec un grand sourire :

« Ah bon ? Vraiment ? »

Moins de cinq minutes plus tard, le contrat était signé. Le dirigeant, encore sous le choc, sortit. Alors que Jane s'apprêtait à s'éclipser pour profiter d'un repos bien mérité après son long périple, les membres du conseil l'entourèrent et lui demandèrent :

« Comment avez-vous fait ? On n'a jamais vu ça. Avant qu'on vous laisse repartir à l'hôtel, vous allez nous révéler votre secret ! »

82
Je n'ai pas le niveau

Les gens orgueilleux n'ont généralement pas une bonne opinion d'eux-mêmes. En dominant les autres, ils cherchent à compenser l'image négative qu'ils ont de leur valeur. Leur stratégie d'intimidation leur permet de se sentir supérieurs.

Selon le Bouddha, l'orgueil se manifeste de trois façons :

1. Se croire supérieur aux autres.
2. Se croire inférieur aux autres.
3. Se croire égal aux autres.

La deuxième, qui n'est pas souvent considérée comme de l'orgueil, est la principale cause des comportements méprisants. Si nous pouvions cesser de porter un jugement sur autrui, nous cesserions peut-être aussi de nous juger nous-mêmes. De ce fait, nous ressentirions moins le besoin de rabaisser, en paroles ou en actes.

Lors d'une réception, un invité élégamment vêtu se présenta à son hôte et lui déclara fièrement qu'il était docteur en médecine.

« Tout comme moi, répondit chaleureusement son interlocuteur. Je suis généraliste.

— Seulement ? fit l'invité sur un ton condescendant. Pour ma part, je suis neurochirurgien. Rien à voir avec la médecine générale.

— Je suis aussi membre du corps médical, intervint l'épouse de l'hôte. Je rentre d'une mission de six mois en zone de guerre au Proche-Orient pour Médecins sans frontières. J'ai soigné des enfants blessés dans des conditions extrêmement difficiles, mais il faut bien secourir ces pauvres petits.

— Cela ne doit pas être simple d'être bénévole, rétorqua l'invité, toujours aussi arrogant, mais vous admettrez que c'est moins ardu que de pratiquer la neurochirurgie !

— Je suis également docteur, le coupa le fils de l'hôte, mais en physique : j'ai un DEA et je travaille pour la NASA à la mise au point des fusées. Vous conviendrez avec moi que la neurochirurgie ne soutient pas la comparaison avec l'astronautique ! »

L'hôte baissa la tête et son ego en prit un coup.

Si vous prenez plaisir à vous croire meilleur que les autres, vous souffrirez chaque fois que vous rencontrerez quelqu'un qui vous surpasse. Le mieux, c'est de ne pas se comparer !

83
Je suis bien comme je suis

Quand on a une bonne estime de soi, on n'éprouve pas le besoin de jouer au petit jeu de « C'est moi le meilleur ». On ne se sent pas tenu de prouver sa valeur. Pour parvenir à une appréciation juste de ce qu'on vaut, il est nécessaire de comprendre ce que signifie vraiment la perfection.

Une femme alla se promener dans une forêt sauvage car elle voulait trouver un arbre parfait. Elle n'y vit que troncs noueux, branches manquantes, écorces à moitié décollées. Elle décida alors d'aller dans une forêt plantée, dont les arbres alignés au cordeau avaient des fûts rectilignes et des ramures harmonieuses.

Elle se rendit compte que, malgré leurs imperfections, les arbres de la forêt primaire étaient beaucoup plus beaux et apaisants que ceux sans défauts de la forêt créée par l'homme. Elle comprit par la même occasion que les personnes « abîmées » par la vie sont plus belles que celles qui sont artificielles.

Cette pensée l'aida à se sentir bien dans sa peau, un peu comme elle avait été dans son élément dans le bois où poussaient des arbres tordus.

Elle avait saisi la véritable signification de la perfection. Elle était depuis longtemps « bien comme elle était », mais n'en avait pris conscience que dans la forêt.

84
Le répondeur

Les moines préfèrent consacrer leur temps à la méditation plutôt qu'à répondre au téléphone. Pourtant, certains fidèles pensent qu'ils n'ont rien d'autre à faire de leurs journées qu'assurer la permanence au standard pour résoudre les problèmes conjugaux de leurs interlocuteurs ou pour prendre en note les demandes de bénédictions. C'est ce que j'appelle le service « Moine à domicile ».

Nous avons donc enregistré sur la boîte vocale de notre monastère le message d'accueil suivant :

« Si vous souhaitez écouter un chant sacré préenregistré pour qu'il vous porte chance, appuyez sur la touche 1.

Si vous souhaitez parler à un moine, vous n'avez pas de chance, alors appuyez aussi sur la touche 1. »

Depuis, nous pouvons méditer en paix.

85
Le droit de ne pas être heureux

Aujourd'hui, si vous n'êtes pas heureux, on vous suggère de suivre une psychothérapie ou de prendre rendez-vous dans une « clinique du bonheur ». Des entreprises vont jusqu'à recruter des « responsables du bien-être au travail » pour aider leurs employés à résoudre leurs problèmes. Le bonheur est devenu un bien indispensable dans notre société. Bientôt, on infligera des amendes à ceux qui plombent le moral des autres en faisant grise mine en public et des peines de prison à ceux qui s'obstinent à être renfrognés à longueur de journée !

Lors d'une retraite que j'ai animée dans un cadre magnifique où la nourriture était délicieuse, une jeune participante m'a confié qu'elle était morose. Comme il n'y avait aucune raison particulière, elle s'en sentait coupable.

« Je sais que je ne devrais pas être maussade car cela perturbe les autres, mais je n'y peux rien. Je suis triste, voilà tout. »

Je suis allé dans mon bureau, j'ai rédigé en vitesse le « certificat » ci-dessous, et je l'ai imprimé.

Permis de mauvaise humeur

Ce document officiel accorde à sa détentrice
le droit d'être grincheuse
pour n'importe quelle raison (voire sans raison),
à tout moment et sans entrave.
Personne ne peut lui dénier ce droit.
Ajahn Brahm

Quand je lui ai tendu cette autorisation officielle, elle a éclaté de rire. J'ai protesté :

« Ce n'est pas cette réaction que j'attendais ! »

86
Le permis de bonheur

J'ai décerné aussi de nombreux « permis de bonheur ». Pour conduire une voiture, se marier, acheter un chien et d'autres actes du quotidien, il est obligatoire de détenir un document officiel. Pourquoi ne pourrions-nous pas obtenir un permis d'être heureux ?

Beaucoup de gens pensent qu'ils ne méritent pas de l'être, soit parce qu'ils ont commis dans le passé une mauvaise action qu'ils ne se pardonnent pas, soit parce qu'ils ont subi des agressions et ont une mauvaise image d'eux-mêmes.

Un participant d'une retraite que j'animais en Allemagne n'arrivait pas à méditer. Il m'avoua qu'il avait d'autres problèmes : des difficultés à s'engager dans une relation stable, une carrière professionnelle au point mort, l'impression de vivre dans un long tunnel obscur. Si une occasion d'être heureux se présentait à lui, il la rejetait. Inconsciemment, il ne s'en jugeait pas digne. Il est loin d'être le seul à éprouver ce sentiment.

J'avais remarqué qu'il me vouait un grand respect. Selon ses amis, il me considérait comme un guide spirituel, un être omniscient qui aimait l'humanité entière ! C'était tout à fait excessif, mais j'y ai vu un avantage : je lui ai délivré un permis de bonheur, signé par une personne infaillible à ses yeux – moi...

Cette autorisation avait tant d'importance pour lui qu'il la prit très au sérieux. Il l'encadra et l'accrocha au mur. Elle lui rappelait en permanence qu'un détenteur de l'autorité lui avait consenti le droit d'être heureux. Grâce à elle, il n'a plus rejeté les instants de bonheur et s'est autorisé à les apprécier. La plupart de ses difficultés, notamment concernant la méditation, se sont envolées.

Le seul problème, c'est qu'il en parla à un ami, qui posta sur Facebook une copie de mon « permis de bonheur ». J'ai très vite été inondé d'un si grand nombre de sollicitations que, pendant quelque temps, ma propre joie de vivre a été compromise : je n'avais plus une seconde pour méditer !

Voilà pourquoi j'ai inséré une autorisation officielle à la fin de cet ouvrage. Vous pourrez y inscrire votre nom, la découper et la glisser dans votre portefeuille si vous souhaitez conserver sur vous ce document qui vous rappellera que vous pouvez être heureux. J'ai donné mon accord pour chacune d'entre elles.

87
Combien valez-vous ?

Il y a quelques années, je fus invité à Londres pour prononcer le discours inaugural d'une conférence sur les ressources humaines qui se tenait dans le quartier des Docks. Mon voyage était intégralement pris en charge et je pus rendre visite à mes proches et à mes amis au Royaume-Uni.

Quelques minutes avant que je monte sur le podium pour mon allocution, l'un des organisateurs m'annonça que deux personnes, à l'accueil, demandaient à entrer gratuitement au prétexte qu'elles faisaient partie de ma famille. Je le suivis pour m'en assurer. En effet, il s'agissait de mon frère et de sa fille. En usant de basses flatteries, exercice pour lequel j'ai certaines dispositions, je réussis à convaincre le responsable de leur offrir un laissez-passer.

Mon discours terminé, je leur reprochai de m'avoir mis dans une situation embarrassante.

« Enfin, frangin, tu diriges une agence bancaire ! Quant à toi, ma nièce, tu as aussi un bon poste. Vous ne pouviez pas acheter votre billet ? »

Ils m'expliquèrent que, pour m'entendre parler une heure, on leur avait réclamé trois cents livres chacun.

En apprenant combien je valais, mon irritation s'envola et mon amour-propre fit un bond.

De retour dans mon temple en Australie, j'informai l'assemblée des moines de la somme qu'il fallait acquitter pour assister à mes discours. En termes diplomatiques, ils me répondirent que je valais beaucoup plus que trois cents livres par heure et par personne : « Tu n'as pas de prix », m'assurèrent-ils en chœur. En clair, cela signifie qu'ils ne font rien payer aux personnes qui participent à mes causeries.

Et vous, combien valez-vous ? Comme moi, vous n'avez « pas de prix ».

Une semaine après, je reçus une nouvelle invitation : j'étais convié à Birmingham pour faire l'exposé liminaire de la convention annuelle du NHS, l'équivalent britannique de la Sécurité sociale – là encore, tous frais payés par les organisateurs. Je déclinai leur proposition, arguant du fait qu'effectuer de longs voyages à intervalles rapprochés est néfaste pour la santé et la planète, et que, comme il y serait question du système sanitaire, j'aurais donné le mauvais exemple en m'y rendant.

88
Le pouvoir du silence

Ces dernières années, le cours de l'or a énormément augmenté. Puisque, selon l'adage, « le silence est d'or », il doit valoir aujourd'hui plus cher que jamais car plus une chose est rare, plus sa valeur augmente.

Les lieux de silence sont devenus rares de nos jours. Dans ma jeunesse, je fréquentais beaucoup les églises et les cathédrales londoniennes, non pour prier qu'il cesse de pleuvoir ou quelque autre raison de ce genre, mais simplement pour faire une pause dans un sanctuaire, apaiser mon cerveau et retrouver la paix intérieure.

La dernière fois que j'ai cherché ce réconfort, c'était après une journée harassante. Je suis allé à l'abbaye de Westminster dans le but de méditer tranquillement une demi-heure. Dès que j'ai poussé la porte, j'ai été affreusement déçu : une semaine ou deux auparavant, un système de sonorisation avait été installé et des haut-parleurs diffusaient en boucle des annonces et des sermons préenregistrés. Le calme avait disparu. Pour moi, c'était un sacrilège et je suis ressorti aussitôt.

J'accorde tellement de prix au silence qu'après cette expérience, je me suis efforcé de créer des oasis de paix dans les monastères et les temples où j'ai un peu d'influence et j'ai tout fait pour y préserver des havres de sérénité.

Un inspecteur du service d'urbanisme de notre canton avait pris rendez-vous pour me voir. Je m'attendais à ce qu'il m'annonce qu'il avait constaté un défaut dans la structure du monastère. Il effaça tout de suite mon inquiétude : il était simplement venu me remercier.

Il était chargé depuis des années de délivrer les permis de construire et les autorisations de rénovation des bâtiments. C'était un poste très stressant car les entreprises cherchaient à rogner sur les coûts et lui devait insister pour qu'elles respectent les normes de sécurité et de qualité. Quand il se sentait à bout de nerfs, il montait dans sa voiture, roulait jusqu'au monastère et se garait devant le temple. Il n'avait pas besoin de sortir de son véhicule : il lui suffisait de rester assis à s'imprégner du silence environnant pour atténuer sa fatigue et ses tensions.

Il avait ainsi passé de longues heures à se relaxer sur notre aire de stationnement, dont il avait fait son refuge secret pour échapper aux pressions de son métier. Il allait bientôt prendre sa retraite et, avant de partir, il avait tenu à m'exprimer sa gratitude pour le calme qui régnait sur notre parking.

Les monastères où les bonzes méditent en silence – par opposition à ceux où ils frappent des cymbales et font tinter d'énormes cloches à différents moments de la journée – créent autour d'eux un espace où la paix est palpable. Au bout de quelques années, et *a fortiori* de siècles, le silence devient aussi dense que les briques du temple qui s'en imprègnent jour après jour, aussi réconfortant qu'un bol de soupe un soir d'hiver, aussi doux et rassurant qu'une étreinte. Les sermons et les paroles de sagesse ne sont pas nécessaires : le silence est à la fois maître et guérisseur.

Un ami m'a raconté qu'il s'était rendu à Bangkok dans un de ces temples. En pénétrant dans l'enceinte, il avait vu une femme assise seule sur un banc, qui sanglotait. Peu au fait des usages en Thaïlande, il n'avait pas osé lui offrir son aide et était entré dans le bâtiment où il devait faire une démarche.

Il en était ressorti une demi-heure plus tard. La femme était toujours sur le banc, mais elle ne pleurait plus. Il s'était approché et lui avait demandé s'il pouvait faire quelque chose pour elle.

Dans un anglais fluide, elle lui avait expliqué qu'elle venait de vivre un événement tragique. Elle était allée au monastère pour s'en remettre et n'avait pas besoin de l'avis d'un moine ou du soutien d'un inconnu. Elle avait choisi ce banc à l'écart, profité de la liberté qui lui était offerte de pleurer tout son soûl sans être dérangée, et se sentait beaucoup mieux. Elle lui avait souri et s'était levée pour partir.

« Que vous est-il arrivé, si ce n'est pas indiscret ? avait voulu savoir mon ami.

— Oh, répondit-elle, j'ai perdu mes clés de voiture. »

89
Le silence intérieur

Lao-tseu, le fondateur du taoïsme, faisait chaque soir une promenade en compagnie d'un de ses élèves. Cette sortie était assortie d'une règle impérative : ce dernier ne devait pas dire un mot.

Un nouveau disciple eut ainsi le grand honneur d'accompagner Lao-tseu. À l'instant où ils atteignaient la crête de la montagne, le soleil disparut à l'horizon. À l'ouest, le ciel était strié de bandes mordorées et cuivrées, telles des bannières flottant au vent pour une cérémonie divine.

Le jeune homme, émerveillé par la féerie de la nature, s'écria, tout excité :

« Waouh, quel superbe coucher de soleil ! »

Il avait brisé la règle de silence.

Le maître fit lentement demi-tour et repartit vers le monastère. À son retour, il déclara que cet élève ne serait plus autorisé à venir flâner avec lui. Il avait enfreint la consigne.

Les camarades du jeune homme tentèrent d'intercéder en sa faveur. Après tout, il n'avait dit qu'une phrase. Et, au fond, était-ce si grave de commenter un splendide crépuscule ?

« Lorsqu'il a parlé, il ne voyait plus le coucher de soleil, leur dit Lao-tseu. Il n'était attentif qu'aux mots qu'il prononçait. »

Il existe une différence fondamentale entre percevoir la description d'une chose et en faire l'expérience. C'est un peu ce qui distingue le panneau routier du lieu qu'il indique. Penser n'est pas la même chose que vivre.

Comment parvient-on au silence intérieur ? Généralement, les gens sont tellement attachés à leurs pensées qu'ils se croient incapables d'arrêter leur flux. L'exercice suivant montre qu'il est relativement simple de faire la paix en soi et que c'est une sensation exquise.

1. Asseyez-vous confortablement, fermez les yeux et détendez-vous une à deux minutes.
2. Au lieu de laisser libre cours à vos réflexions, répétez dans votre tête les mots : « NAMO TASSA », sans interruption pendant une minute.
3. Ensuite, espacez les syllabes : « NA... MO... TAS... SA... NA... MO... TAS... SA... », etc.
4. Augmentez progressivement l'intervalle entre les syllabes : « NA...... MO...... TAS...... SA...... »
5. Si des pensées s'insinuent dans les pauses, réduisez la longueur de ces dernières : « NA MO TAS SA », ce qui repoussera les idées parasites, puis essayez d'amplifier à nouveau les temps d'arrêt.
6. Rapidement, les espaces entre chaque syllabe s'allongeront et, dans ces espaces, vous ferez l'expérience intime de l'indescriptible silence intérieur.

La signification des mots *NAMO TASSA* n'a pas d'importance. Mieux vaut d'ailleurs que vous l'ignoriez, sinon, vous vous remettrez à penser !

90
Quand il n'y a pas de silence

Alors que j'étais moine dans le nord-est de la Thaïlande depuis moins d'un an, la localité voisine organisa une fête qui devait durer trois jours. La commune n'avait pas l'électricité ; par contre, les générateurs à essence, les amplis et les haut-parleurs, eux, étaient bien là. Notre village avait beau être à plus d'un kilomètre, le bruit des réjouissances perturbait la quiétude de notre monastère.

Le bouddhisme prône la philosophie du « vivre et laisser vivre », mais le premier soir, les festivités battaient encore leur plein à 2 heures du matin. Nous nous résolûmes à proposer un compromis du genre : « dormir et laisser dormir ». Après tout, nous devions nous lever à 3 heures pour débuter notre journée monastique.

Nous proposâmes au chef du village qu'il débranche la sono à 1 heure, ce qui nous permettrait de bénéficier de deux heures de sommeil la nuit suivante. Nous reçûmes pour toute réponse un « non » poli. Nous envoyâmes une délégation auprès de notre révéré maître Ajahn Chah pour qu'il prie les habitants de baisser le volume à 1 heure. Nous savions que le responsable de la fête serait sensible à ses arguments.

Ce fut l'occasion pour Ajahn Chah de nous enseigner que « ce n'est pas le bruit qui nous gêne, c'est nous qui gênons le bruit ! »

Ce n'était pas la réponse que nous espérions, mais elle fut efficace.

Le bruit résonnait toujours sur nos tympans, mais plus dans notre esprit. Nous fîmes la paix avec le désagrément qu'il engendrait. Après tout, la fête durait seulement trois jours, et ils passèrent vite.

Des années plus tard, en Australie, un moine de notre monastère reçut la visite de son frère. Toutes les chambres d'invités étant occupées, il me demanda si ce dernier pouvait partager la sienne pour une nuit. Après tout, c'était ce qu'ils faisaient quand ils étaient enfants.

« Oui, mais vous êtes beaucoup plus âgés, lui fis-je remarquer, et il y a fort à parier que, maintenant, vous ronflez tous les deux. »

Il insista en m'assurant qu'il n'y aurait pas de problème et je lui accordai l'autorisation.

Le frère s'endormit le premier et, comme je l'avais prédit, ronfla si fort que le moine ne put fermer l'œil. Au cours de son insomnie, il se souvint du conseil que nous avions reçu : « Ce n'est pas le bruit qui nous gêne, c'est nous qui gênons le bruit. »

Il essaya de modifier sa perception des ronflements en imaginant qu'il s'agissait d'une douce mélodie écrite par un grand compositeur classique. Puisqu'il ne pouvait agir sur le son, il s'efforça d'influer sur la représentation qu'il s'en faisait.

Le lendemain matin, le dernier souvenir qui lui restait avant qu'il sombre dans un sommeil réparateur était que les ronflements de son frère étaient incroyablement harmonieux !

Si votre conjoint ronfle, dites-vous que vous écoutez une chanson de Grateful Dead ou un air que vous aimez particulièrement. Et si votre chien aboie en pleine nuit, voyez-y par exemple une interprétation de *L'Ouverture 1812* de Tchaïkovski. Lorsqu'on ne peut échapper aux nuisances sonores, il faut tenter de modifier la façon dont on les perçoit.

91
Les moments « entre deux »

Nous passons une grande partie de notre existence en transit entre un endroit que nous venons de quitter et un autre que nous n'avons pas encore atteint. Ce sont des moments « entre deux » dont, trop souvent, nous ne savons pas profiter.

Avant d'être moine, j'ai été professeur dans un lycée. Un collègue m'annonça un jour qu'il avait démissionné pour un poste plus intéressant et qu'il devait patienter jusqu'au terme de son contrat d'enseignant pour commencer le métier de ses rêves. Il reconnut qu'il était à la fois déconcerté et troublé de souhaiter ne pas voir passer les six mois à venir !

« La vie est trop courte pour que je fasse une croix sur un semestre avant de démarrer mon nouveau boulot, mais en fin de compte, cela revient à ça ! »

Combien de temps gaspillons-nous ainsi en laissant s'écouler des heures, des jours, des mois sans agir en attendant que notre avion décolle, que notre journée de travail se termine ou que notre enfant naisse ? Notre existence est malheureusement remplie de ces « entre-deux ».

Si nous prenions conscience de ce que nous gâchons de cette manière, l'inquiétant « taux de criminalité » dont souffrent nos sociétés diminuerait considérablement car nous serions beaucoup moins nombreux à « tuer le temps » !

Au lieu de nous focaliser sur la destination, intéressons-nous plus au voyage. Détendons-nous dans les embouteillages, prenons du plaisir à discuter avec nos voisins dans les transports en commun et vivons les innombrables aventures qui se produisent uniquement pendant ces « entre-deux ».

92
Être ou s'agiter ?

On rencontre rarement de nos jours de véritables être*s* humains. Les gens sont perpétuellement des agités, peu présents là où ils sont. Nous ne savons plus nous contenter d'exister.

Un week-end où j'étais occupé à des tâches administratives dans le temple, un vieil ami passa à l'improviste et me demanda comment j'allais.

« Je commence à en voir le bout, lui répondis-je.

— Le bout de quoi ? » répliqua-t-il avec sagesse.

Je compris immédiatement son message et cessai de m'agiter dans tous les sens.

« Bien vu, lui dis-je, un peu contrit. Je suppose que ce qu'il y a au bout, à courir à droite et à gauche comme je le fais, c'est le cimetière ! »

Nous avons échangé un sourire.

Si vous faites partie de ces agités, posez-vous la question : « Où vais-je ? Et quand arriverai-je, si j'y parviens ? »

Pour ma part, j'ai atteint ma destination et je peux désormais dire de moi que je suis un être humain. *Ici* est un endroit fort agréable, que je recommande à tous, plutôt que de s’en éloigner en permanence pour se précipiter *ailleurs*.

Maintenant, quand mes amis me demandent si ça va, je leur réponds :

« Je suis ici et j’y suis bien ! »

93
Ne pas s'inquiéter et garder espoir

Être anxieux, c'est envisager l'avenir en pensant à toutes les catastrophes qui peuvent survenir. Cette appréhension irrationnelle est un trouble cognitif qui a pris les proportions d'une véritable épidémie dans les sociétés contemporaines.

Il existe un antidote : voir dans l'avenir uniquement ce qui va bien se dérouler. On augmente ainsi les chances que cela se réalise, car on remplace les idées négatives par la confiance dans le futur. Donc arrêtez de vous inquiéter et gardez espoir !

Il y a très longtemps, un guide spirituel très sage mais peu orthodoxe enseignait qu'il existait dans le monde deux catégories de religions : celles qui modifient la vérité pour l'adapter à la foi et celles qui modifient la foi pour l'adapter à la vérité.

Il était adepte de la seconde, n'hésitant pas à renoncer à un dogme ou à un rituel, même s'il y était très attaché, dès lors qu'il n'était pas étayé par les faits établis.

Il comptait beaucoup d'ennemis parmi les traditionalistes, qui ne tardèrent pas à mettre au point un piège pour s'en débarasser.

Comme il prenait fréquemment la parole en public, ils sélectionnèrent certaines de ses déclarations, les présentèrent hors de leur contexte et l'accusèrent d'hérésie. Il fut jugé et déclaré coupable. La peine de mort fut requise.

À l'énoncé du verdict, il poussa un soupir et s'adressa au juge :

« Quel dommage, Votre Honneur… J'avais prévu d'enseigner à votre épouse une technique de méditation simple qui lui aurait permis de ne plus se quereller avec vous. Là, je ne vais plus pouvoir l'aider à être accommodante.

— Vous avez une méthode pour l'empêcher de me chercher des noises ? dit le juge, intrigué.

— Votre Honneur, je connais toutes les techniques de méditation. »

L'homme de loi prit le temps de réfléchir.

« Très bien, je suspends pour un an l'exécution du jugement afin que vous puissiez expliquer à ma femme comment ne plus m'asticoter. Si, passé ce délai, elle continue, je viendrai en personne assister à votre exécution. La séance est levée. »

Lorsque le guide spirituel quitta le tribunal, libre pour douze mois, ses disciples voulurent savoir en quoi consistait cette pratique efficace.

« Je l'ignore, répondit-il. Je ne l'ai pas trouvée mais j'y compte bien. De toute façon, qui sait ce qui peut advenir en un an ? La femme du juge peut décéder, ce qui lui évitera définitivement de se chamailler avec son mari… Il se peut que moi aussi, je meure de cause naturelle. Quoi qu'il en soit, j'ai douze mois de liberté devant moi. Souvenez-vous de ce qu'on dit : "Ne pas s'inquiéter et garder espoir !" »

94
Visiteur plutôt que propriétaire

Les visiteurs me félicitaient souvent pour la beauté et la sérénité de mon monastère. Pour moi, c'était de la folie. Ne voyaient-ils pas l'énergie que je devais déployer pour entretenir les bâtiments et les espaces verts, former les novices, répondre aux innombrables questions ? À mes yeux, ce lieu s'apparentait à un camp de travail forcé. Quelque chose ne collait pas. J'ai fini par comprendre qu'en réalité, c'était mon attitude.

Je l'ai donc modifiée.

Une matinée par semaine, généralement le lundi, je prétends que je suis invité, et non propriétaire, du monastère où je réside depuis trente ans. Ainsi, je n'ai pas à me préoccuper de l'état des constructions et des jardins, de l'instruction des moines ou des requêtes des uns et des autres. Je peux profiter du cadre comme si j'étais de passage. À cette occasion, j'ai constaté que nos visiteurs avaient raison : le monastère est paisible et beau – à condition qu'il ne vous appartienne pas.

C'est un tuyau que je donne à mes amis : quelques heures par semaine, le week-end par exemple, faites semblant d'être invité chez vous.

Quand vous êtes reçu quelque part, lavez-vous la vaisselle ? Non. Passez-vous l'aspirateur, le chiffon sur les meubles ? Non plus. Tondez-vous la pelouse ? Encore moins. Vous ne vous sentez pas coupable de ne pas effectuer ces corvées parce que vous êtes là provisoirement et non à temps plein.

Ainsi, en faisant mine d'être hôte de votre maison, vous jouirez de son agrément et de son calme, vous vous reposerez sans mauvaise conscience, vous prendrez du bon temps, heureux de vous prélasser, car vous ne faites que passer.

Le visiteur peut lâcher prise tandis que le propriétaire doit tout contrôler.

95
Attentif ET attentionné

Avant de partir à son cours de méditation, une femme fortunée s'arrêta à la grille de son manoir et demanda au gardien d'ouvrir l'œil, car plusieurs de ses voisins s'étaient fait cambrioler récemment.

À son retour, elle découvrit que sa demeure avait été dévalisée.

« Je vous avais recommandé d'être vigilant ! reprocha-t-elle à son employé. Vous avez manqué à vos devoirs !

— J'ai pourtant fait attention, Madame ! répondit-il. J'ai vu les voleurs s'introduire chez vous et j'ai noté : "Voleur entre. Voleur entre." Quand ils sont partis avec vos bijoux, j'ai écrit en m'appliquant : "Bijoux sortent. Bijoux sortent." Plus tard, ils sont revenus pour embarquer votre coffre-fort et j'ai inscrit consciencieusement : "Coffre-fort dérobé. Coffre-fort dérobé." J'ai été très attentif, madame. »

Manifestement, cela n'avait pas suffi ! Si, en plus d'être attentif, cet homme avait été attentionné vis-à-vis de sa patronne, il aurait appelé la police. Lorsqu'on ajoute la gentillesse à l'attention, on obtient la « bonté de pleine conscience ».

Il y a quelques années, j'ai été victime d'une intoxication alimentaire. Les moines de la tradition de la Forêt, à laquelle j'appartiens, dépendent pour se nourrir des aumônes quotidiennes des fidèles laïcs. Nous ne savons jamais vraiment ce que nous mangeons et nous avalons fréquemment des aliments peu digestes. Les brûlures d'estomac font partie des risques de notre métier ! Dans ce cas, c'était bien pire qu'une indigestion : j'étais plié en deux par d'atroces douleurs abdominales.

Au lieu d'aller à l'hôpital, ce qu'aurait fait tout moine sensé, j'ai eu recours à la « bonté de pleine conscience ».

J'ai résisté à l'instinct naturel qui aurait été de fuir la souffrance. Au contraire, je l'ai éprouvée avec toute l'intensité dont j'étais capable. C'est ce qui définit la pleine conscience : vivre la sensation dans l'instant, autant que possible, sans réagir. À cela, j'ai ajouté la bonté : j'ai ouvert mon cœur à la douleur, avec respect et empathie. Grâce à la pleine conscience, j'ai recueilli des informations objectives : j'ai remarqué qu'avec cette attitude bienveillante, mon intestin se décontractait et la douleur s'atténuait. J'ai continué à être « bon en pleine conscience » et la crise a reflué à mesure que ma compassion apaisait mon appareil digestif. Vingt minutes plus tard, je n'avais plus mal du tout. J'étais aussi en forme et détendu qu'avant mon repas.

Mon intoxication était bien réelle – les crampes m'avaient vrillé les entrailles et j'avais énormément souffert –, mais elle avait été contrée par la bonté de pleine conscience. J'ignore ce que sont devenues les bactéries qui avaient déclenché cette déroute gastrique, mais je ne m'en suis pas soucié. Les douleurs avaient disparu.

Ce n'est qu'un exemple personnel du pouvoir de la « bonté de pleine conscience », qui favorise la relaxation, calme le corps, l'esprit, et le monde en général. Elle permet la guérison. Alors ne soyez pas seulement attentif, soyez aussi attentionné.

96
Bonté de pleine conscience quand on est fauché

Thomas (le prénom a été changé) a médité plusieurs mois dans notre monastère australien avant de rentrer en Allemagne, son pays d'origine, pour reprendre ses études. Plus tard, il m'a relaté dans quelles circonstances la « bonté de pleine conscience » lui avait permis de gagner vingt euros à un moment où il en avait vraiment besoin.

En arrivant sur le campus de son université, il passa devant un distributeur automatique. Ce dernier émit un son bizarre, qu'il m'a décrit comme une sorte de gargouillis. Il se dit que c'était sans doute une façon pour la machine de lui souhaiter la bienvenue.

À compter de ce jour, Thomas lui adressa des pensées bienveillantes chaque fois qu'il s'en approchait : « Je te souhaite de ne pas être à court de billets », « Je te souhaite de ne pas te faire démolir par des clients qui apprennent que leur compte est à sec », « Je te souhaite de ne pas subir un court-circuit », etc.

Quelques mois plus tard, il s'était installé au soleil pour déjeuner à quelques mètres du distributeur et il entendit à nouveau le fameux gargouillis. Il tourna la tête… et vit un billet de vingt euros sortir de la fente !

Il était assis là depuis au moins un quart d'heure. Personne ne s'était arrêté ni n'avait retiré d'argent. Il s'avança, s'empara du billet, l'agita pour voir si quelqu'un le réclamait. Aucune main ne se leva. L'étudiant fauché remercia l'automate généreux et empocha les vingt euros.

Je lui ai demandé à plusieurs reprises si cette histoire était véridique et il m'a affirmé catégoriquement que oui, si bien que je le crois. Alors soyez bons avec les distributeurs automatiques. Qui sait, peut-être un jour vous rendront-ils la pareille…

97
Bonté de pleine conscience et immobilité

Beaucoup de gens veulent méditer, mais ils ont souvent du mal à calmer leur esprit. Ils sont incapables, malgré leurs efforts, d'arrêter de penser. Pourquoi ?

Une femme reçoit un appel téléphonique.

« Bonjour, c'est M. C. à l'appareil. Tu as le temps de boire un café avec moi cet après-midi ?

— Avec plaisir !

— Parfait. On ira dans un café que j'aime bien, pas celui que tu fréquentes d'habitude. Au lieu du café-crème bourré de cholestérol que tu adores, tu boiras un *expresso*. Comme moi, tu commanderas un muffin aux myrtilles et non les pâtisseries immondes dont je te vois t'empiffrer si souvent. On s'installera dans un coin tranquille, où je me sens mieux que la table sur le trottoir où tu vas toujours. On discutera de mon sujet favori, la politique, ce qui changera du charabia ésotérique dont tu nous inondes sur Twitter. On restera soixante minutes, pas plus, pas moins, parce que j'ai une heure pile à y consacrer.

— Humm, répond la femme en réfléchissant à toute vitesse. Je viens de me souvenir que je dois aller chez le dentiste cet après-midi. Désolée, M. C., ça ne va pas être possible. »

Auriez-vous envie de prendre un pot avec quelqu'un qui vous impose où aller, quoi consommer, où vous asseoir et quel sujet aborder ? Au cas où vous ne l'auriez pas deviné, M. C. sont les initiales de « maniaque du contrôle ».

Comparez ce qui précède avec une personne qui médite :

« Cher cerveau, écoute-moi bien. Nous allons méditer. Je veux que tu te concentres sur ma respiration au lieu de t'évader dans toutes les directions. Tu fixeras ton attention au bout de mon nez, comme j'aime, et pas dehors, dans la rue. Tu resteras immobile soixante minutes pile, pas une de plus, pas une de moins. »

Si vous vous comportez en maniaque du contrôle en traitant votre esprit comme un esclave, ne vous étonnez pas qu'il cherche à s'enfuir, fasse remonter des souvenirs inutiles, imagine des événements improbables, vagabonde ou s'endorme – tout est bon pour s'échapper. Voilà pourquoi vous ne pouvez rester en paix.

La même femme reçoit un second appel :

« Salut ! C'est M. A. Ça te dirait qu'on prenne un verre cet après-midi ? Tu veux qu'on se rejoigne où ? Qu'est-ce que tu auras envie de boire et de manger ? On s'installera où tu préfères et on parlera de tes sujets favoris aussi longtemps que tu veux.

— Zut, j'ai rendez-vous chez le dentiste cet après-midi. Oh, tant pis, je vais annuler. »

Elles passent un moment si détendu et plaisant qu'il dure beaucoup plus longtemps que prévu. Vous aurez compris que M. A. veut dire « maniaque de l'attention ».

Et si vous méditiez en considérant votre esprit comme votre meilleur ami ? « Salut, mon vieux, tu es d'accord pour méditer maintenant ? Que veux-tu observer ? Comment souhaites-tu t'asseoir ? À toi de décider le temps qu'on y consacre. » Si vous avez pour lui une bonté de pleine conscience, il ne cherchera pas à s'égarer et appréciera votre compagnie. Vous serez bien ensemble, décontractés, et vous ne verrez pas le temps s'écouler.

98
Sans peur

Un soir, je méditais dans l'une des dernières forêts primaires, à plusieurs kilomètres du village le plus proche. L'obscurité était de plus en plus dense. Un moine méditant loin des hommes et en pleine nature peut parvenir à une immobilité presque totale. Je n'entendais plus que les rumeurs nocturnes de la jungle. Réconforté par ce fond sonore que j'avais appris à connaître, j'atteignis rapidement une paix intérieure profonde.

Jusqu'au moment où j'entendis une bête s'approcher.

La faune des forêts thaïlandaises n'est en principe pas dangereuse. Ceci étant, elle comprend aussi des tigres, des ours et des éléphants, tous potentiellement capables d'infliger de graves blessures aux humains, voire de les tuer. Des histoires terrifiantes circulaient à propos de ces dangereux prédateurs. Les anciens du village avaient eu beau m'affirmer que les gros animaux ne s'attaquaient généralement pas aux moines, cela ne m'avait pas totalement rassuré : que savaient ces villageois de ceux qui n'avaient pas été épargnés par les tigres, les éléphants et les ours puisque, par définition, ils n'étaient plus là pour témoigner de leur sort ?

Par prudence, je tendis l'oreille et me concentrai sur la créature qui se dirigeait vers moi dans le noir. Si je me fiais aux sons, elle ne devait pas être grosse. Je n'avais pas de raison de m'alarmer et me remis à méditer.

Elle avança et le bruit devint plus fort, ce qui m'inquiéta un peu. J'écoutai avec attention, en tâchant de me raisonner, et je compris que j'avais sous-estimé son gabarit : à la façon dont elle se déplaçait dans le sous-bois, je pouvais déduire qu'elle était de taille moyenne – une civette, par exemple. Je n'avais rien à craindre et repris ma méditation.

Puis le bruit s'amplifia vraiment. Compte tenu des craquements des feuilles et des branchages, il me parut évident qu'un animal imposant, voire énorme, me fonçait dessus ! Le cœur battant, j'interrompis ma méditation. J'avais tellement peur que j'ouvris les paupières. J'allumai ma lampe-torche et balayai les alentours pour repérer où était le tigre, l'éléphant ou l'ours, prêt à fuir à toutes jambes pour échapper à la mort.

Quelques secondes plus tard, je la repérai dans le faisceau lumineux : c'était une minuscule souris des bois.

J'ai compris ce jour-là que la peur amplifie tout. Elle rend une souris aussi bruyante qu'un tigre amateur de chair de moine, transforme une maladie bénigne en cancer incurable, une éruption de boutons en peste bubonique. Quand on panique, tout paraît plus grave.

99
La bière

Un homme qui rentrait du temple tard le soir décida de prendre un raccourci qui longeait le cimetière. Il était scientifique et ne croyait pas aux fantômes. C'est du moins ce qu'il affirmait à ses amis.

Je ne sais pas pourquoi les réverbères sont plus espacés à proximité des cimetières – à moins que ce ne soit qu'une impression. La nuit, que l'on croie ou non aux esprits, les abords des cimetières donnent la chair de poule.

Quand il eut dépassé la moitié du mur d'enceinte, il se sentit un peu plus rassuré. Soudain, il crut entendre un drôle de bruit, comme s'il était suivi. Il repoussa cette idée en la mettant sur le compte de son imagination et continua son chemin.

Mais non… Il était bel et bien suivi. Il accéléra le pas. Son suiveur sembla l'imiter. Tout en essayant de se persuader que son cerveau lui jouait des tours, il tourna la tête pour regarder derrière lui. Grave erreur !

Ses yeux s'écarquillèrent d'effroi, sa bouche s'ouvrit en grand et fut prise de tremblements, son visage devint livide. À quelques mètres de lui, une bière mortuaire, d'où sortait une monstrueuse gueule de bois[3], avançait debout,

---

3. Le texte original est basé sur un jeu de mots intraduisible qui s'appuie sur l'homophonie des mots *coffin* (« cercueil ») et *coughing* (« la toux »).

couverte de terre et de toiles d'araignées. Boum ! Boum ! Boum !

Il fit volte-face et prit ses jambes à son cou. Boum ! Boum ! Boum ! La bière le rattrapait.

Par chance, il n'habitait pas loin. Il sauta par-dessus le portillon de son jardin et fonça vers sa maison. Il ouvrit la porte, bondit à l'intérieur et monta l'escalier quatre à quatre vers la seule pièce équipée d'un verrou : la salle de bains. Sur le palier, il se retourna et vit la bière fracasser la porte avec une force surnaturelle et faire irruption chez lui. Il entra dans le cabinet de toilette et tira le verrou. Son cœur était au bord de l'explosion.

Il entendit la bière gravir les marches à grands « Boum ! », puis s'abattre avec force sur le chambranle. Si la porte d'entrée en bois massif n'avait pas tenu bon, celle-ci ne résisterait pas. BOUM ! Elle céda en effet. Il était pris au piège. La bière s'avança vers lui. Instinctivement, il chercha quelque chose à lui lancer, saisit une boîte de médicaments sur l'étagère et la jeta dans la gueule de bois béante. La bière déglutit, bavant à moitié sur les mottes de terre et les toiles d'araignée, puis se figea. Miracle ! Elle rapetissa à vue d'œil et disparut.

Dans son affolement, l'homme avait, par chance, attrapé une boîte d'aspirine. Comme le lui avait annoncé le pharmacien : « On n'a rien trouvé de mieux pour se débarrasser d'une gueule de bois. »

100
De gentils fantômes

Un ami à court d'argent s'était fait engager comme manœuvre sur le chantier de rénovation d'une maison sur pilotis. Un soir, il rangeait le matériel après le départ de ses collègues quand, en passant devant la façade, il entendit une voix qui disait : « Glisse la main là-dessous ! »

Ne voyant personne aux alentours, il pensa qu'il avait dû rêver.

La voix répéta : « Glisse la main là-dessous ! » Son cerveau ne lui jouait donc pas un tour. C'était bien réel. Il avait affaire à un fantôme !

Qu'auriez-vous fait à sa place ? Ne partez pas en courant : la plupart des fantômes sont gentils.

Il glissa prudemment une main dans l'espace entre le sol et le rez-de-chaussée surélevé de la maison et en retira une grosse boîte en fer-blanc. En l'ouvrant, il découvrit qu'elle contenait plusieurs milliers de dollars en billets. Il en déduisit que l'ancien propriétaire, décédé entre-temps, avait dissimulé ses économies pour ne pas payer d'impôts. Mon ami utilisa cet argent comme acompte pour l'achat de sa première maison et put ainsi démarrer dans la vie.

Dorénavant, si vous entendez un fantôme vous souffler : « Glisse la main là-dessous ! », vous saurez quoi faire.

Une autre amie vivait seule avec son chien, qu'elle aimait comme un enfant. Deux fois par jour, elle l'emmenait promener dans la forêt.

Un matin, en jouant avec lui dans le sous-bois, elle perdit sa bague. Ce n'était pas un bijou de grande valeur, mais elle y tenait beaucoup. Elle savait approximativement où elle était tombée, mais elle eut beau fouiller, elle ne la retrouva pas, à sa grande déception. Elle se résigna à sa perte et abandonna ses recherches.

Cette péripétie lui sortit rapidement de la tête car son compagnon à quatre pattes mourut peu après. Il lui manquait terriblement et elle repensait avec tristesse à leurs sorties dans la nature. Mais un événement étrange allégeait quelque peu son chagrin : plusieurs jours durant, après sa mort, elle l'entendit aboyer dans la maison. Ce n'était pas une illusion, les jappements étaient bien réels et elle reconnaissait sans l'ombre d'un doute ceux de son cher toutou. En les écoutant, elle se sentait moins seule.

Pourtant, pas une fois elle ne vit son fantôme. Dès que ses aboiements résonnaient dans la pièce voisine, elle s'y précipitait, mais il n'était jamais là.

Un jour, le fantôme aboya à nouveau, mais dehors. Elle ouvrit la porte, s'attendant à le voir, mais il n'était pas visible. En revanche, sur le paillasson, il y avait la bague qu'elle avait perdue. Son chien disparu l'avait dénichée !

Sa tristesse s'effaça presque entièrement. La mort n'était pas une séparation aussi définitive qu'elle l'avait pensé. À compter de ce jour, son chien ne se manifesta plus.

Tim avait quitté Londres pour venir s'établir à Perth. En pleine nuit, alors qu'il dormait seul chez lui, il se réveilla en sursaut. Il alluma sa lampe de chevet et vit sa vieille mère debout au pied de son lit.

Elle habitait dans l'Essex. Il comprit qu'il était en présence d'un fantôme. Pourtant, à ce qu'il me dit, il n'éprouva aucune peur. Au contraire. Il se sentit comblé et apaisé par cette vision de sa mère souriante qui lui exprimait en silence son amour inconditionnel.

Il en déduisit qu'elle venait probablement de s'éteindre mais cela ne le rendit pas triste. Son visage aimant effaçait son chagrin.

L'apparition dura relativement longtemps – plusieurs minutes au moins. Lorsqu'elle s'estompa, il fit ce que n'importe quel Anglais aurait fait dans ces circonstances : il se leva pour se préparer une tasse de thé.

Pendant qu'il le buvait, le téléphone sonna. C'était sa sœur qui appelait d'Angleterre.

« Tim, je suis désolée de te déranger à cette heure, mais j'ai une mauvaise nouvelle à t'annoncer.

— Oui, je sais, l'interrompit-il. Maman est décédée.

— Comment le sais-tu ? s'écria-t-elle. On rentre à peine de l'hôpital ! »

Il lui décrivit alors le fantôme de leur mère. L'avoir vue, s'être senti une dernière fois enveloppé de son amour avait été pour lui une expérience merveilleuse et bénéfique.

101
Brume écossaise

Lorsque j'étais étudiant, j'allais souvent en vacances l'été dans les montagnes au nord de l'Écosse. Une année, je suis parti randonner par une journée radieuse avec le directeur de l'auberge de jeunesse. Nous avons escaladé un pic qui offrait à son sommet une vue époustouflante.

Étant alors jeune et débordant d'énergie, je lui ai proposé de prolonger notre excursion et de gravir la crête suivante, mais il était plus âgé que moi et se sentait fatigué. Il m'a suggéré de continuer seul. Un mauvais conseil qui aurait pu me coûter la vie.

À mi-chemin de l'ascension, le ciel s'est chargé de nuages. À mesure que je me rapprochais de la cime, le plafond nuageux s'est abaissé au point que j'ai soudain été entouré d'une brume compacte qui m'empêchait de voir à plus d'un mètre.

J'avais entendu parler de touristes britanniques errant plusieurs jours dans le brouillard mais je n'y avais pas accordé foi. En outre, j'étais certain d'avoir un bon sens de l'orientation. J'ai donc fait demi-tour pour rentrer par où j'étais venu. J'avançais avec précaution, les yeux fixés au sol, car la visibilité n'excédait pas cinquante centimètres. Soudain, la terre s'est dérobée devant moi. Si j'avais fait ne serait-ce qu'un pas supplémentaire, je serais tombé au fond du précipice : j'étais au bord d'un à-pic. J'avais échappé de peu à la mort.

J'ai réalisé que j'étais complètement perdu dans une nature sauvage et hostile, au milieu d'une purée de pois qui pouvait se prolonger des jours. J'ai commencé à me faire du mauvais sang et à perdre confiance. Ma situation n'était pas brillante.

Par chance, j'étudiais la physique à l'université. J'ai repensé à la théorie d'Einstein sur la relativité, qui valide le fait bien connu que l'eau coule vers le bas. J'ai aperçu un ruisseau, l'ai longé et, après qu'il s'est jeté dans un torrent, je l'ai suivi jusque dans la vallée. Le brouillard s'est dissipé, j'ai pu suivre les poteaux indicateurs et rejoindre sain et sauf l'auberge de jeunesse.

Plus tard, en consultant une carte, j'ai constaté que la seule colline du massif, plus de trente mètres en contrebas, était dans la direction exactement opposée à celle que j'avais prise. Je pouvais me vanter de mon sens de l'orientation !

Je raconte cette anecdote aux personnes que j'accompagne dans leur démarche spirituelle. Au départ, nous sommes tous enveloppés dans la brume de l'ignorance. Notre sens de l'orientation n'est pas inné. Les moines, les maîtres, les professeurs et autres guides nous indiquent la voie à suivre, mais les termes spécifiques qu'ils utilisent et leurs conseils sont parfois déroutants.

Je vous incite par conséquent à choisir un ruisseau dont vous savez qu'il coule dans la bonne direction, que vous suivrez jusqu'à ce que vous soyez sorti du brouillard.

Ce ruisseau, c'est la vertu, la paix et la compassion. Quelle que soit la religion que vous pratiquez, et même si vous n'êtes pas croyant, ces trois qualités vous mèneront à la vérité. Suivez-les. Grâce à elles, le ruisseau de la « bonté de pleine conscience » s'élargit et devient plus profond. Très vite, il vous conduira, par-delà la brume de l'ignorance, là où vous serez capable de juger par vous-même et de retrouver votre chemin.

102
Courbettes

Les bouddhistes, c'est bien connu, ont l'habitude de faire des courbettes. Aux Occidentaux qui veulent savoir d'où nous vient cet usage, je réponds que c'est une technique très efficace pour renforcer les abdominaux et éviter de prendre du poids !

Plus sérieusement, je leur explique ensuite qu'en nous inclinant devant la statue du Bouddha, nous rendons hommage aux qualités qu'il incarne à nos yeux. Pour ma part, les trois prosternations que j'effectue saluent la vertu, la paix et la compassion.

J'adresse la première à la *vertu*. Elle a tellement d'importance à mes yeux qu'il m'est naturel de la vénérer. J'éprouve un grand bonheur à vivre dans une communauté monastique en qui j'ai placé toute ma confiance. Quand j'ai le privilège de rencontrer des gens bienveillants, cela renforce ma conviction qu'il fait bon vivre sur cette planète. La vertu justifie amplement qu'on s'incline devant elle. De plus, lorsque je le fais et que je songe à son influence, il me semble que ma propre bonté grandit. Ce que l'on vénère et garde à l'esprit s'intensifie à chaque prosternation.

La deuxième s'adresse à la *paix*, à laquelle j'accorde aussi beaucoup de prix, tant dans le monde qui m'entoure que dans l'espace intime de la méditation. Sans paix intérieure, sans paix entre les peuples, il n'y a pas de bonheur possible. En vénérant la paix, mon existence devient plus sereine.

La troisième est consacrée à la *compassion*. Les actes empreints de compassion apportent chaleur et lumière où que l'on soit. Ils rendent la souffrance supportable et lui donnent un sens même. Une existence sans bonté ne mérite pas d'être vécue. En m'inclinant devant la compassion, je deviens plus compatissant.

Voilà pourquoi les bouddhistes font des courbettes.

Il y a quelques années, un ami chrétien, aumônier d'une grande école privée de Perth, m'a invité à prononcer l'homélie lors de la réunion matinale des élèves. À mon arrivée, il m'a accueilli avec le proviseur de l'établissement, qui m'a expliqué le déroulement de la cérémonie.

« Nous attendrons que les élèves soient tous présents et silencieux, puis nous entrerons tous les trois dans la salle. L'aumônier et moi baisserons la tête devant la statue de Jésus, puisque nous sommes chrétiens. Vous qui êtes bouddhiste n'êtes pas tenu de nous imiter. »

Il m'a semblé que je tenais là l'occasion d'une mise au point importante. Je me suis tourné vers lui en faisant mine d'être fâché et lui ai répondu sur un ton faussement outré :

« Je revendique le droit, en tant que bouddhiste, de saluer votre image de Jésus ! »

Devant son air surpris, j'ai précisé que je m'inclinerais devant les qualités de Jésus qu'en qualité de bouddhiste, j'honorais. S'il va de soi que je n'approuve pas tous les préceptes de la religion chrétienne (sinon je serais catholique), j'en respecte et j'en vénère un certain nombre, devant lesquels je souhaitais me prosterner.

Nous avons fait tous les trois notre entrée devant l'assemblée des élèves et salué l'image de Jésus. Quelques mois plus tard, le proviseur est venu visiter mon monastère et s'est incliné devant celle du Bouddha.

103
Dieu et le bouddhisme

Beaucoup de gens se méfient des religions organisées. C'est ce qui explique le succès actuel du bouddhisme. Si vous avez la possibilité d'assister à une cérémonie dans un temple bouddhique, vous comprendrez pourquoi l'on qualifie notre religion de « désorganisée ».

D'aucuns se posent même la question de savoir si c'est une religion. La réponse est : « Oui, le bouddhisme est une religion – ne serait-ce que pour des raisons fiscales. »

Mais quelle conception de Dieu ont les bouddhistes ?

J'avais été chargé de présenter un séminaire d'aumônerie dans l'université de notre ville, en binôme avec un abbé bénédictin qui se trouve être également un vieil ami. Lorsque ce fut au tour des participants de poser des questions, un chrétien me demanda d'expliciter le concept bouddhiste de Dieu.

La solution de facilité aurait été que je cite des textes anciens ou des paroles enseignées par mes maîtres, mais cela n'aurait pas apporté un éclairage utile. J'ai préféré donner une réponse qui fasse appel à plus de sagesse et crée plus d'harmonie entre deux grandes traditions spirituelles du monde.

« Mon ami l'abbé Placide, qui est à côté de moi, me dit souvent qu'il a la conviction que tous les hommes cherchent Dieu. J'ai tant d'estime pour lui que je considère sa croyance fondée. Par conséquent, qu'en est-il de mes coreligionnaires et moi ?

Nous aspirons à la paix, à la compassion, à la vérité, au respect, au pardon et à l'amour inconditionnel. Si c'est ce que recherchent les bouddhistes (auxquels j'ajouterai les athées), et si tout le monde cherche Dieu, c'est donc ce que doit être Dieu : la paix, la compassion, la vérité, le respect, le pardon et l'amour inconditionnel. Voilà la conception bouddhiste de Dieu. »

Les fidèles des autres religions furent satisfaits de ma réponse.

104
Oh, merde !

Lors d'une conférence en Amérique du Nord, j'ai raconté cette édifiante métaphore :

Si vous marchez dans une crotte de chien, ne soyez pas agacé et ne frottez pas votre semelle pour vous en débarrasser. Au contraire, souriez, rentrez chez vous et essuyez votre chaussure au pied du pommier qui pousse dans votre jardin. L'an prochain, il produira plus de pommes, qui seront plus juteuses et plus sucrées que les années précédentes. Quand vous croquerez dans l'un de ces fruits succulents, souvenez-vous qu'il s'agit de la crotte de chien qui s'est transformée avec le temps en pomme savoureuse !

Traverser une épreuve personnelle, c'est un peu comme marcher dans une crotte de chien. Au lieu de vous révolter, d'être amer ou découragé, rapportez-la chez vous et enfouissez-la dans votre cœur. Très vite, vous vous sentirez plus sage et plus bienveillant. Mais gardez en mémoire qu'au fond, cette sagesse et cette commisération sont simplement la « merde » de la vie transformée.

Deux heures après avoir délivré ce conseil, j'ai mis pour de vrai le pied dans une crotte de chien sur une aire de repos de l'autoroute. Mon chauffeur, qui avait assisté à ma prestation publique, refusa catégoriquement de me laisser remonter dans sa voiture tant que je n'aurais pas nettoyé mes sandales. Ma brillante comparaison sur les déjections avait dû lui paraître totalement… *merdique* ! C'est le problème dans notre société actuelle : tout le monde ou presque vit dans des appartements, coupé de la nature, sans jardin où métamorphoser la merde en fruits.

105
Renforcement popo-sitif

Plus tard au cours de mon séjour aux États-Unis, quelqu'un m'a expliqué d'où provenait vraisemblablement cette crotte. Un entrepreneur visionnaire avait fait fortune en apprenant la propreté à des chiens dont les maîtres vivaient dans des appartements en ville.

Si vous avez déjà eu un chiot, vous savez à quel point il est difficile de l'empêcher de faire popo sur votre belle moquette neuve. Ce chef d'entreprise se vantait de pouvoir, en trois jours, éduquer n'importe quel quadrupède à s'accroupir en plein air. Sa technique ? Le « renforcement popo-sitif ».

Il emmenait l'animal dans la rue, à proximité d'un arbre ou d'un espace vert, et attendait qu'il se soulage. Il se mettait alors à bondir de joie, à danser et chanter en agitant les bras, le visage fendu d'un large sourire. Parfois même, il faisait la roue. Il exprimait à la vue de ses excréments une jubilation extrême de la façon la plus exubérante possible. Et ça marchait ! Le chien sentait qu'il avait rendu quelqu'un heureux et, après avoir vécu cette même scène durant trois jours, il ne levait plus la patte que dehors. Tel est le pouvoir du renforcement positif, même sur nos amies les bêtes.

Ce dresseur canin eut néanmoins de gros problèmes avec certains de ses clients. Ils étaient confortablement installés dans leur salon avec leur compagnon à quatre pattes en train de regarder un match à la télévision et, au moment où leur équipe marquait un but ou un point décisif, se mettaient à sauter en l'air, gesticuler, se trémousser, entonner une chanson... Vous avez deviné ce qu'en déduisait le toutou...

106
La technique du sandwich

Lorsqu'on doit adresser une critique à quelqu'un, on le fait souvent si maladroitement que la personne se sent agressée. Du coup, on a mauvaise conscience, on évite de renouveler l'expérience et le problème de départ ne fait qu'empirer.

Prenons le cas de la responsable d'un service qui n'ose indiquer une erreur à l'un de ses collaborateurs parce qu'elle redoute les conflits. L'activité de l'entreprise en souffrira. La situation est analogue pour l'entraîneur d'une équipe sportive qui repousse le moment de souligner ses défauts à un joueur de crainte de créer des tensions. L'équipe finira par perdre. C'est notre devoir d'exprimer les critiques sans attendre. Voici comment procéder.

En premier lieu, vous devez féliciter la personne que vous souhaitez reprendre. Allez-y à fond, tout en restant honnête : ces éloges servent à lui prouver que vous la respectez, que vous appréciez son travail et que votre intention n'est pas de la dénigrer.

Ils ont aussi pour objectif d'ouvrir ses oreilles : vos louanges constituent l'appât destiné à faire sortir votre interlocuteur de son cocon intérieur afin qu'il écoute attentivement ce que vous lui dites.

C'est là que vous devez frapper (c'est une image, évidemment) en formulant votre critique : « Mais... » Votre remontrance pénétrera dans un conduit auditif réceptif.

Ajoutez ensuite une nouvelle couche de compliments pour confirmer que vous ne rejetez pas cette personne en tant que telle, mais que vous indiquez un ou deux travers parmi les nombreuses qualités que vous avez pris soin d'énumérer auparavant.

Le résultat, c'est qu'elle acceptera le reproche et ne se sentira pas rabaissée, que vous, en tant que supérieur hiérarchique, aurez agi de façon responsable sans vous culpabiliser et que le problème aura été traité.

Les deux salves de compliments représentent les tranches de pain et la critique, la garniture. Voilà pourquoi on appelle cette méthode la « technique du sandwich ».

107
Le jeu de l'Éveil

Un magazine bouddhiste m'avait contacté pour que j'écrive un article sur l'Éveil. Je lui ai envoyé cette parodie du jeu télévisé « Qui veut gagner des millions ? » et, à ma grande surprise, elle a été publiée.

Qui veut atteindre l'Éveil ?

« Mesdames et messieurs, bonsoir ! Aujourd'hui, nous avons le plaisir de vous accueillir sur CBA, la Chaîne bouddhiste américaine, pour la finale de « Qui veut atteindre l'Éveil ? »

Cette émission est sponsorisée par les coussins de méditation Dhyana, la seule marque qui s'engage : "Si vous n'accédez pas à l'Illumination sur nos coussins dans cette vie, nous vous rembourserons dans la prochaine !"

C'est avec un immense plaisir – dont je suis parfaitement détaché – que je vous présente nos quatre finalistes : la Vénérable Anna Gami, Geshe Bo De'Sattva, Roshi Sid Arthur et Amy Tarbha, la célèbre professeure de méditation, psychothérapeute et militante des droits des homosexuels et autres minorités. Vous pouvez les saluer en disant *Sadhu*, *Om* ou *Mu* !

Pour les téléspectateurs qui ne connaîtraient pas notre jeu, je rappelle les règles : nous aurons trois éliminatoires, au cours desquelles Leurs Saintetés seront interrogées sur leurs performances d'éveil spirituel. À l'issue de chacune, un participant sera éliminé et renvoyé à la source.

La première épreuve est une question : Comment décririez-vous l'Éveil ? »

Anna : « Éveil signifie absence de moi. En tant qu'unique bouddhiste de la Forêt de cette assemblée, adepte des premiers enseignements du Bouddha, je suis la concurrente la plus pure et la plus éveillée. Je l'affirme : quand on a compris qu'on ne possédait pas de moi, on doit se féliciter de ses accomplissements et les proclamer haut et fort. »

Bo : « Pour moi, l'Éveil signifie éprouver tant de compassion pour mes disciples que je me mets volontairement en colère contre eux pour qu'ils se sentent un peu moins inférieurs en ma présence. »

Sid : « L'Éveil signifie n'avoir aucune attache. Je suis détaché au point que je ne suis même pas attaché au détachement, d'où ma super Rolex neuve. Vous l'avez vue ? Magnifique, non ? »

Amy : « L'Éveil, pour moi, c'est faire l'amour sans l'illusion d'un moi qui se croit obligé de culpabiliser pour tout. »

« Merci, Vos Vacuités, pour votre incommensurable sagesse. La première à quitter notre émission est… Anna ! Anna Gami, inutile de retenter votre chance.

La deuxième épreuve consistera à méditer le plus longtemps possible. Vos Ineffables, dès que le gong retentira, méditez ! »

GONG !

Moins de deux minutes plus tard, Amy ouvre les yeux et consulte son compte Twitter. Sid tient une heure entière. Quant à Bo, il reste immobile si longtemps que les secouristes présents dans les coulisses le déclarent mort et l'incinèrent. Il a atteint l'ainséité. Le public le salue d'une salve de « *Om ! Quel Om !* »

Sid et Amy restent seuls en lice.

« Nous voici parvenus à la dernière épreuve, à l'issue de laquelle nous connaîtrons le vainqueur de « Qui veut atteindre l'Éveil ? » L'excitation est à son comble ! Sid et Amy, je vous demande d'effectuer en direct et devant les caméras la démonstration d'un pouvoir psychique. »

Sid ferme les paupières et se concentre profondément. Dans une bouffée d'extase, il s'élève au-dessus du podium et flotte dans l'air comme une plume dans la brise. Il lévite de plus en plus haut ; le public, médusé, l'applaudit frénétiquement. Ses acclamations sont si sonores qu'elles déconcentrent Sid et annulent son pouvoir psychique. Il retombe brutalement sur la scène et meurt sur le coup, les cervicales brisées. De nombreux spectateurs atteignent le *satori*[4], Sid revient au fondement de l'être, et un nouveau *koan*[5] apparaît.

Il ne reste qu'une candidate. Amy Tarbha, célèbre enseignante laïque de méditation, psychothérapeute et activiste multicarte, est proclamée grande gagnante de « Qui veut atteindre l'Éveil ? » Elle reçoit en cadeau un coussin de méditation en or massif (et en édition limitée), aussi peu confortable qu'impressionnant, équipé d'un GPS permettant de franchir et surmonter les obstacles. C'était la seule concurrente qui n'était pas à la hauteur.

J'ai écrit ce texte au départ pour le numéro de l'automne 2010 de la revue *Inquiring Mind*. Je voulais, sur un ton humoristique, dénoncer l'ambition effrénée, montrer que ceux qui se vantent en public d'avoir atteint l'Éveil sont des charlatans et faire voler la « poussière culturelle » qui s'est accumulée sur l'Éveil depuis des siècles au point de le rendre incompréhensible.

---

4. L'Éveil.
5. Objet de méditation.

108
Le menu

Un professeur de philosophie très érudit lut dans un journal qu'un nouveau restaurant étoilé venait d'ouvrir dans sa ville. Il se dépêcha d'appeler pour réserver, mais le bouche-à-oreille était tel qu'il dut patienter deux mois pour obtenir satisfaction.

Huit semaines plus tard, il se pomponna et se mit sur son trente et un pour se présenter dans cet établissement prestigieux. Le maître d'hôtel lui demanda ses papiers afin de s'assurer que c'était bien lui qui avait fait la réservation et l'escorta jusqu'à sa place.

L'enseignant fut ébloui par la décoration et l'aménagement de la salle. Une petite lampe éclairait sa table d'une lueur chaude et tamisée, créant une atmosphère mystérieuse qui évoquait pour lui le calme du crépuscule.

Un serveur en veston avec un nœud papillon blanc lui apporta le menu.

En épais vélin doré, bordé d'un liseré rouge foncé, il était assorti au cadre luxueux du restaurant trois étoiles. Les 108 plats à la carte avaient été rédigés dans une élégante calligraphie, plus employée dans les musées que dans les auberges.

Le professeur le contempla, béat d'admiration, et le lut plusieurs fois. Puis il le dévora entièrement. Après quoi, il régla l'addition, remercia le maître d'hôtel et rentra chez lui.

Tout savant qu'il était, le malheureux ne faisait pas la différence entre le menu et les aliments. Il ne connaissait et ne s'intéressait qu'aux mots.

Chers lecteurs qui venez de terminer les 108 plats inscrits au menu de cet ouvrage, ne soyez pas, je vous en conjure, comme ce professeur de philosophie qui ne se nourrissait que de mots.

Permis de bonheur

Ce document
accorde officiellement à son détenteur,

....,

le droit perpétuel d'être heureux
pour toutes les raisons du monde (et même sans raison),
et en toute liberté.
Ne laissez personne vous refuser ce droit.

Ajahn Brahm

À propos de l'auteur

Ajahn Brahmavamso Mahathera (plus familièrement appelé Ajahn Brahm), de son vrai nom Peter Betts, est né à Londres le 7 août 1951 dans une famille modeste. Grâce à une bourse, il a étudié la physique à l'université de Cambridge, dont il est sorti diplômé. Après avoir enseigné un an dans un lycée, il est parti voyager en Thaïlande et est devenu moine auprès du Vénérable Ajahn Chah Bodhinyana Mahathera. Alors qu'il était encore novice, on lui a confié la compilation en langue anglaise des règles de la vie monastique bouddhique, le *Vinaya*, devenu le texte de référence en matière de discipline dans différents monastères de la Forêt occidentaux.

Après son ordination, le Vénérable Brahm a été invité à Perth par la Société bouddhiste d'Australie-Occidentale pour assister Ajahn Jagaro dans son enseignement. Ils se sont établis d'abord dans une vieille maison de la banlieue nord de Perth, puis, en 1983, ils ont fait l'acquisition de quarante-cinq hectares de forêts et de terres agricoles dans les collines de Serpentine, au sud de la ville. Ils y ont créé le monastère Bodhinyana (du nom de leur maître, Ajahn Chah Bodhinyana), premier temple bouddhique de l'hémisphère Sud, qui héberge aujourd'hui la plus importante communauté de moines de la Forêt en Australie.

Le terrain qu'ils avaient acheté était vierge. À cette époque, les bouddhistes étaient peu nombreux dans la région et les sources de financement rares. Par souci d'économie, les moines ont effectué eux-mêmes les travaux. Ajahn Brahm a ainsi appris la plomberie et la maçonnerie et construit une grande partie des bâtiments du monastère.

En 1994, Ajahn Jagaro a pris un congé sabbatique avant de renoncer, un an plus tard, à la vie monastique, laissant Ajahn Brahm seul à la tête du monastère. Après quelques hésitations, Ajhan Brahm a endossé avec enthousiasme cette responsabilité et a bientôt été invité à dispenser son enseignement, caractérisé par son humour et son élévation d'esprit, dans d'autres États australiens et en Asie du Sud-Est. Il est intervenu lors du Sommet bouddhiste international de Phnom Penh en 2002 et de quatre Conférences mondiales sur le bouddhisme, dont il a présidé la quatrième à Perth en juin 2006. Cette reconnaissance ne l'a pas empêché de consacrer son temps et son attention aux malades, aux personnes en fin de vie, aux détenus, aux cancéreux, aux méditants, et bien sûr à sa congrégation de Bodhinyana.

Il exerce actuellement les fonctions d'abbé du monastère Bodhinyana de Serpentine, de directeur spirituel de la Buddhist Society d'Australie-Occidentale, de conseiller de la Buddhist Society de Victoria et de la Buddhist Society d'Australie-Méridionale et de chef spirituel de la Buddhist Fellowship de Singapour. Il œuvre par ailleurs, avec des moines et des nonnes de toutes les traditions bouddhistes, à la création de l'Australian Sangha Association.

En octobre 2004, la Curtin University lui a décerné la médaille John Curtin en récompense de son esprit visionnaire, de ses qualités de leadership et des services qu'il a rendus à la population.

Il est l'auteur de plusieurs ouvrages, dont *La Sagesse du moine* (Almora, 2013). Plus d'un millier de ses interventions, sonores ou filmées, sont téléchargeables gratuitement.

Fabrication : Catherine Labrousse
Relecture-correction : Vladimir Sichler

Achevé d'imprimer par
Normandie Roto Impression s.a.s.
61250 Lonrai (Orne)
N° d'impression : 1906370

Imprimé en France